Je ne chanterai pas ce soir

Raphaëlle Ricci

Je ne chanterai pas ce soir

Flammarion

À ma fille

AVANT-PROPOS

Sans doute, ce livre va-t-il surprendre. Peut-être même choquera-t-il.

Parce qu'il ne mâche pas ses mots, parce qu'il plonge dans mon histoire avec vérité, parce qu'il révèle un parcours jalonné de surprises et épreuves que beaucoup ignorent, parce qu'il ne cache pas une réalité moins rose que certains le pensent.

Parce que, moi qui ai toujours préservé jalousement ma vie, j'accepte d'y lever le voile sur les expériences qui l'ont enrichie, les doutes qui l'ont taraudée – et la taraude encore –, les coups du sort qui l'ont marquée.

Parce que je joue franc jeu, livre ma version des faits, aussi bien en ce qui concerne ma jeunesse ballottée de petite fille née dans une famille du show-business, mes débuts hésitants dans la vie professionnelle, les grandes heures de la *Star Academy* que les bonheurs et revers cinglants voguant dans le sillage d'une certaine notoriété. Pour beaucoup Raphaëlle Ricci – « Raphie » – reste la méchante de cette émission à succès de TF1. Mais que savent-ils réellement de moi ? En vérité, rien. Si je suis quelqu'un qui refuse l'hypocrisie, qui dit ce qu'elle pense, cela me transforme-t-il pour autant en affreuse tortionnaire, en caractérielle jalouse « sadiquant » les élèves de ce programme comme d'aucuns l'ont prétendu et le croient encore ? Assurément non. Et j'espère que cet ouvrage sincère le démontrera.

Car son ambition est aussi légitime que simple : inciter les lecteurs à ne jamais se fier aux apparences. Et montrer que la « violence » que l'on reproche à l'une – en l'occurrence mes commentaires sans artifice sur les prestations des candidats destinés à les faire progresser par respect du public – n'est rien (si tant est qu'elle existe) par rapport à celle de médias avides, d'un public parfois sans retenue et de personnes perverses – au sens scientifique du terme – qui possèdent le talent de faire mal, en privé.

Si ces souvenirs vont surprendre, c'est en effet aussi parce qu'ils osent briser un tabou de notre société : raconter ce qu'il en coûte humainement et psychologiquement d'être confronté dans sa vie conjugale à la manipulation et à la violence verbale. Cet ouvrage, je l'ai écrit en partie pour ça : attirer l'attention, alerter sur un mal qui brise de nombreux couples et broie des âmes plus sûrement que bien des tourments répertoriés. Non pour désigner *un* « coupable » ou une personne en particulier – car il s'agit d'une maladie à connaître et soigner – mais pour faire comprendre aux victimes et à l'opinion que ce fléau existe, que ce syndrome est bien plus répandu qu'on ne l'imagine et que se taire, c'est lui donner l'occasion d'exister, de s'épanouir, de se renforcer. Et de faire de nouvelles victimes.

J'ose donc briser le silence. J'ose témoigner. J'ose affirmer à tous que si, par bonheur pour vos oreilles, vous ne m'entendrez pas « chanter ce soir », il est peut-être important de prendre le temps d'écouter maintenant mon histoire.

R. R.

PROLOGUE

Nous sommes le vendredi 15 février 2008, il est 23 h 10.

Je me trouve sur l'estrade de l'immense plateau des artistes, auprès de mes « copains de jeu » professeurs et entourée de Quentin Mosimann et Mathieu Edward, les deux finalistes de cette 7e édition de la *Star Academy*. C'est bientôt la fin de l'émission.

À notre droite, un écran géant diffuse une rétrospective de la saison que nous venons de vivre : dix-huit étudiants, seize semaines, sept professeurs, dix heures de cours et de répétitions par jour pendant quatre mois, des rires, des larmes, des chansons, des chorégraphies, des joggings conceptuels, des coups de gueule, des batailles de chantilly, des prises de tonalité, des mises au point... et, pour finir le reportage, le château qui s'éteint pièce après pièce.

À ce moment précis se produit une chose étrange en moi. Une boule de pétanque vient s'installer à la place de mes cordes vocales, tandis que simultanément une sensation de grand soulagement s'installe dans mon estomac. Des larmes se mettent à couler sans que je puisse y faire quoi que ce soit : je sais que je ne reviendrai pas, que l'aventure se termine là, maintenant et ce soir. C'est difficile à expliquer, mais je le sais !

J'assiste ensuite à la victoire de Quentin, aux hurlements du public, à la pluie de confettis argentés... Le tout dans une sorte de brouillard, de brouhaha, une avalanche de bises, de pleurs et de remerciements de gens que je ne connais pas.

Je ne pense qu'à une chose : cesser de pleurer pour rejoindre ma loge, ranger mes affaires et partir. Mon travail est terminé. Ayant tout donné, je suis usée, fatiguée, vidée mais aussi heureuse de quitter cette épopée après une finale de qualité, fière d'une saison débordant d'émotions et de rencontres artistiques et humaines particulièrement enrichissantes.

D'un coup, je me sens étrangère à ce plateau, à cette ambiance et aux multiples personnes qui s'agitent dans tous les sens. Notamment aux photographes qui se battent presque entre eux pour, finalement, obtenir la même photo (ça un jour, il faudra qu'on m'explique !).

L'accès à Quentin étant impossible pour cause de ruée de la famille, des amis, des nouveaux meilleurs amis du jour, journalistes, photographes et fans, je vais faire un gros bisou-câliné à Mathieu, évidemment déçu du résultat, et le félicite pour son parcours comme pour ses progrès évidents au fil des cours. Je me dis que je verrai Quentin plus tard.

Je rejoins alors ma loge (qui se trouve à l'autre bout du monde si on n'est pas équipé de rollers ou trottinette puisque c'est le plus grand plateau d'Europe… ils l'ont dit à la télé !), y range mes affaires, jette un coup d'œil dans le miroir et découvre le désastre : le mascara soigneusement appliqué par ma maquilleuse quelques heures auparavant a dégouliné avec mes larmes. Je répare mes joues et mes yeux, m'assois dans mon canapé, allume une cigarette (oui, je sais, fumer tue !) et me sers une coupe du champagne (avec modération !) que la production a distribué dans les loges des profs et du jury en l'honneur de la « dernière ».

D'anciens étudiants de la saison, invités pour l'ultime émission, me rejoignent dans « le dernier salon où l'on cause ». Sujet de discussion principal, la victoire de Quentin. Certains sont contents, d'autres moins, mais nous faisons le bilan de la saison, nous remémorons les bons moments, les fous rires de certains cours, évoquons les projets de chacun et nous donnons rendez-vous à *L'Étoile*, célèbre boîte parisienne où la production a prévu la grande fête d'après finale comme chaque année.

C'est la seule fois, en six saisons, où je vais y passer un bon moment. Vous comprendrez pourquoi un peu plus tard.

*

Ce vendredi-là, comme tous les vendredis d'ailleurs, j'étais arrivée au studio 208 (le plus grand d'Europe donc !) de la Plaine St-Denis vers 15 heures afin d'assister aux répétitions de « mes petits ».

Je me tiens toujours à leur disposition en cas de « Et là, j'étais bien ? », « Je ne comprends pas bien ce que ce texte doit dégager comme émotion », « J'y arriverai jamais, ce n'est pas dans ma tonalité ! » ou de « Tu as vu les fringues qu'ils m'ont données pour cette chanson, c'est ridicule non ? » À commencé un travail d'écoute, de dialogue et, si besoin, d'allers-retours vers les stylistes pour tenter de transformer le « ridicule » en « Ben voilà, c'est mieux ! » (il suffit parfois juste d'une nouvelle ceinture). Le principal, en ces jours de prime, est que les étudiants soient rassurés avant d'entrer, vers 20 h 50, dans les foyers de plusieurs millions de téléspectateurs. Or, le soir de la finale, jour où l'électricité ambiante des cent cinquante personnes en action peut se ressentir à dix kilomètres à la ronde, où ça court, s'énerve et crie dans tous les coins, des coulisses aux couloirs et du plateau aux loges, je dois plus que jamais essayer de mettre en place la bulle de protection anti-stress que j'ai fabriquée au fil des saisons.

Ce 15 février 2008, les deux finalistes ont entre six et huit titres à interpréter chacun. Ils n'ont eu que trois jours pour les apprendre et se les approprier, sans compter les chorégraphies avec les danseurs de Kamel, les changements de vêtements à chaque tableau, les raccords maquillage, les modifications du conducteur de l'émission au dernier moment, l'annulation d'un titre remplacé par un autre deux heures avant le générique, le micro qui s'ouvre au milieu de la première phrase, les deux mille personnes du public qui hurlent le prénom du candidat préféré… Une tension totale. Bref, je vous jure qu'il faut avoir de sacrées épaules, beaucoup d'insouciance et posséder un sang-froid hors du commun pour évoluer dans une telle ambiance durant deux heures vingt en direct et sans consommer de substances illicites (si, si, je vous promets) !

Durant l'après-midi, Quentin et Mathieu ont été très concentrés, très professionnels et très calmes. Pourtant, ils ont eu un emploi du temps particulièrement chargé en plus des répétitions, avec kyrielles d'interviews pour la presse, tchat sur Internet, reportages photo et ultimes essayages. Et, finalement, la journée s'est bien déroulée pour nos deux finalistes.

Vers 19 h 00, nous avons retrouvé les petites fées maquilleuses qui ont la lourde tâche de nous rendre un visage « montrable » et en – presque – pleine forme. Ce qui, en fin de saison, relève du défi.

Nous avons échangé quelques « Ça va ? — Oui et toi ? — Ça va… », dialogue super profond et lourd de conséquences pour l'avenir de la planète qui traduit parfaitement notre trac.

En ce qui me concerne, je suis restée plus longtemps que Quentin et Mathieu au maquillage, en raison de mon grand âge (comparé au leur… bien sûr !) et de ces cernes pochés que, personnellement et en tant qu'ancienne maquilleuse, j'aurais plâtrés et cimentés allégrement. Mais bon, chacun son métier !

Je suis passée ensuite à la coiffure. Oui, je sais, cela peut paraître étrange vu la masse capillaire au concept « frisée-mal rangée » que mes parents ont décidé de me donner neuf mois avant ma naissance ! Là encore, c'est un challenge : pour le fer à friser cette fois, qui a pour mission de redessiner des boucles ni vraiment bouclées ni trop grosses afin de ne pas ressembler à un Sébastien Folin blond… oups !

20 h 15, retour dans ma loge. J'ai grignoté quelques petits morceaux de ce que contient mon plateau-repas. Je ne me suis même pas posé la question de savoir ce qu'il y avait dedans : je m'en fichais, j'étais déjà dans l'émission.

20 h 30, je me suis habillée… J'ai enfilé mon « habit de lumière » spécial prime.

Le déguisement étant complet, à 20 h 45, je me suis retrouvée avec mes collègues professeurs et notre Nikos international dans les coulisses, envoyant des baisers d'amour aux finalistes en place pour leur entrée.

20 h 55, le retour image nous montre la fin des pubs, le décompte plateau est parti : 10, 9, 8… 3, 2, 1… Générique !

Première partie

UN COIN D'ENFANCE

1

10, 9, 8… 3, 2, 1… Flash-back.

Vers le 14 février 1967 précisément. Et plus exactement à 18 h 06 quand je pousse mon 1er « coup de gueule ». C'est auprès de mes parents à Enghien-les-Bains dans le Val-d'Oise.

En gros, je ne suis pas franchement prévue. Pour ma famille d'origine italienne, un garçon aurait été un plus beau cadeau. D'où le prénom, choisi auparavant, auquel il a fallu ajouter in extremis « le ». Mais bon, je ne vais pas commencer à me plaindre, tant naître le jour de la fête des amoureux n'est pas donné à tout le monde !

Je débarque dans une famille d'artistes saltimbanques. Avec un grand-père paternel chanteur que je n'ai pas connu, un autre grand-père (maternel donc !) qui fredonne aussi à ses heures en s'accompagnant à la guitare, à la mandoline ou au banjo, et une grand-mère maternelle qui joue de l'accordéon. La génération suivante n'est pas mieux puisque mon père, Bernard Ricci, a commencé le chant très tôt en étant soliste chez les Petits Chanteurs à la Croix de Bois, puis a fait partie du groupe « Les Célibataires » dans les années 60. C'est après quelques années qu'il a décidé de passer de l'autre côté de la scène en devenant directeur artistique, éditeur et producteur. Quant à ma mère, Alice Donadel, elle a commencé très jeune à jouer du piano et à « inventer » des mélodies. Puis elle s'est mise à chanter, partant sur les routes de France dès l'âge de

seize ans en devenant Alice Dona. Vous parlez d'une famille !
Et d'un atavisme !

*

Je vous épargne mes poids et taille à la naissance, l'âge
d'arrivée de ma première dent, mes premiers pas, etc. On s'en
fiche et je dois être dans les normes, sinon j'en aurais entendu
parler !

Sortez quand même vos mouchoirs en apprenant que nous
vivons dans un grenier, situé à Taverny dans le Val-d'Oise,
rue de la Tuyole… Bon d'accord, j'admets : il est aménagé en
appartement très confortable.

À l'étage du dessous logent mes grands-parents maternels
et, encore en dessous, se trouve le garage Citroën de mon
grand-père. Oui, mon grand-père Antoine est garagiste, ma
grand-mère Raymonde s'occupe des rendez-vous avec les
clients, de la comptabilité et de ma tante Cricri, trisomique
de son état.

Jusqu'à mes quatre ans, je n'ai pas grand-chose à signaler si
ce n'est (d'après les rumeurs de l'époque) que je suis solitaire,
gentille, assez fine, avec les yeux déjà marqués, les dents du
bonheur, la bouche boudeuse, et ces satanés cheveux bouclés-
épais-mal-rangés que ma mère défrise à ma demande même si
ça tire un peu, parce que je n'aime pas trop. On dit aussi que
je ne supporte pas d'avoir une tache sur mes vêtements et que
je fais plein de chorégraphies avec mes doigts (si j'avais été
mes parents, je me serais déjà posé des questions…).

Je sais encore que je veux à l'époque faire danseuse dans *le
Lac des cygnes* pour porter un grand tutu blanc et monter sur
le devant de mes pieds comme je l'ai vu faire à la télé. Ma
grand-mère m'accompagne donc à des cours de danse classique
à Taverny (chez Foucrier, *the* school de danse of the coin !).
Mais comme on ne monte pas tout de suite sur le « devant
des pieds » et que mon tutu est petit et rose, Tchaïkovski n'est
pas prévu dans l'immédiat.

*

Que sais-je encore ? Que je n'aime pas trop les tomates et que je vais le payer très cher. L'histoire est assez amusante à raconter.

Le dimanche, en famille, nous mangeons souvent des escargots ; des petits gris au beurre aillé et persillé. Eh bien, j'adore ça ! Un jour, nous sommes donc à table avec mes parents et il y a ces délicieux gastéropodes au menu. Oui mais aïe : il faut manger des tomates avant ! Or j'ai décidé que je ne les aimais pas sans y avoir goûté... J'ai alors affaire au premier chantage de ma vie : si je ne mange pas de tomates, je n'aurai pas d'escargots et mes parents les avaleront tous !

Les larmes me montent aux yeux (oui, j'ai la pleurette facile, je suis une fille !). Tandis que je mâchouille très longuement un petit morceau d'une de ces tomates de malheur, mon père et ma mère dégustent sous mon nez les trois douzaines d'escargots sans broncher et jusqu'au dernier.

Comment peut-on faire une chose pareille ? Quelle cruauté !

Je sais que l'« incident » n'a rien de grave dans le fond, mais la forme est sacrément vicieuse, non ?

*

Pour mes quatre ans, ma mère – qui a un très gros ventre – m'explique que je vais avoir un petit frère ou une petite sœur dans quelques mois... OK, mais pour quoi faire ?

Le 7 mai 1971, mon frère Emmanuel débarque.

Lui par contre, on ne va pas passer à côté de son poids de naissance : 4,5 kg ! Et commence pour moi une longue et lente descente vers le côté obscur de la force.

Car ce petit frère fait beaucoup de bruit, veut manger tout le temps, ne quitte pas les bras de ma mère, et quand il les quitte, c'est pour se casser la margoulette (oh, ça fait trente-cinq ans que je n'ai pas employé ce mot-là !) avec son youpala (culotte géante sur roulettes pour apprendre à marcher) dans les quatre marches descendant à la cuisine (ben oui, il veut manger tout le temps je vous ai dit). Je pense d'ailleurs que cette chute, sans dommages (apparents), sera responsable de la suite houleuse de notre cohabitation (oh mais qu'elle est méchante !).

*

Nous faisons connaissance avec notre première nounou, Catherine. Elle prend le relais des parents, contraints de s'absenter depuis leur rencontre avec Serge Lama. Ma mère va en effet écrire sa première musique sur le texte d'*Un jardin sur la terre*, que Serge présente au concours de l'Eurovision et qui n'arrive que onzième. Soit, mais moi je n'aime pas tellement les voir absents, ça me donne mal au ventre… Alors je vais me faire remarquer d'eux en ayant une santé fragile. Opération des végétations, puis des amygdales pour cause d'otites, angines et bronchites à répétitions. Ensuite, j'enchaîne avec la rougeole et la varicelle la même année. Vous pensez que mon frère aurait été solidaire de sa grande sœur chérie en raison du fort risque de contagion de ces maladies infantiles ? Eh bien non, rien, nothing, nada, niet, que dalle ! Il est solide comme un roc le Boubou (heu, c'est le surnom que lui a donné ma grand-mère maternelle ; surnom que l'enquête faite à plusieurs reprises pour en connaître l'origine n'a jamais élucidé…).

*

Un jour, grande surprise : je fais mes premiers pas sur le devant de la scène. Enfin, sur le devant de la photo de la scène. Je vous explique.

Maman ayant fait la connaissance de Claude François et lui ayant composé des chansons, ce dernier souhaite réunir un groupe d'une quinzaine d'enfants de quatre à quatorze ans sur la pochette de son album *Le Monde extraordinaire de Claude François*. Ma mère décide d'emblée que je dois en être et j'obtempère (à mon âge, impossible de faire autrement, à vrai dire). Nous devons tous être en blanc et tenir une grosse sucette rouge et ronde, tandis que Claude François, lui, habillé en noir, trône au milieu.

Je vous passe la longueur de la séance, tant il est difficile de demander à quinze mômes de regarder l'objectif en souriant en même temps. Reste qu'il n'y en a qu'une qui fait une tête de désespérée sur l'image : moi ! À cela une raison, et de taille : je couve la rougeole et je commence à avoir de la fièvre. Comme en plus sourire devant un appareil photo, sans raison, ne représente aucun intérêt à mes yeux – cela n'a pas beaucoup évolué depuis ! –, j'affiche une mine renfrognée. « Déjà », diront sans doute les médisants.

Le pire, c'est que, quelques jours après, Maman reçoit un tas de coups de téléphone de mères pas ravies que leur enfant ait contracté mon virus… Sans doute est-ce là qu'est né mon besoin de partager avec les autres !

2

Le grenier-appartement étant devenu trop petit et la proximité de mes grands-parents à l'origine de pas mal de disputes avec mon père, nous déménageons en 1972. Direction Paris, et le 132, avenue du Maine.

Mon frère et moi partageons une grande chambre, mais il y a un problème : elle est verte ! Le papier peint marie deux vert clair, la moquette est kaki-bouteille et… je n'aime pas le vert. Aucun rapport avec une superstition théâtrale, non c'est juste la seule couleur au monde que je déteste !

*

Je ne me rappelle pas grand-chose de cet appartement, ni de ce qu'il s'est passé dedans, mais je sais que mes parents ont commencé à y recevoir des gens importants parce qu'il fallait aller leur dire bonsoir, leur servir les petits gâteaux apéritifs disposés sur la table du salon avant de pouvoir en grappiller soi-même quelques-uns. Et qu'ensuite je devais me coucher sans rechigner, même si le bruit de leurs conversations ou les pleurs de mon frère m'empêchaient de dormir.

Nous avons également une maison de campagne, au Vaudreuil en Normandie, que mes parents louent avec des amis. Elle est jolie, cette bâtisse avec toit de chaume et poutres apparentes. Je peux y faire du vélo en toute sécurité : nous sommes en effet dans une résidence privée qui borde un golf.

D'ailleurs, il n'est pas rare de retrouver quelques balles perdues dans notre jardin.

Elle est belle cette maison, grande aussi, du coup il y a tout le temps du monde à chaque fois que nous y allons.

*

Mes parents viennent en général me chercher à la sortie de l'école le vendredi après-midi. Mon frère, qui ne supporte pas la voiture, vomit dès notre arrivée sur l'autoroute. Mon père s'énerve parce qu'il faut s'arrêter et ma mère nettoie. Un rituel qui cessera quelques années plus tard à l'aide d'un médicament miracle contre le mal des transports.

Il faut une bonne heure et demie pour atteindre Le Vaudreuil. En arrivant, je cours prendre mon vélo afin de me dégourdir les jambes et nettoyer mes oreilles des discussions – souvent houleuses – de mes parents sur leur travail.

Je les aime, cette petite route qui borde le golf et ses chaumières plus belles les unes que les autres. J'aime aussi les odeurs de la forêt où je m'arrête pour écouter les bruits.

Dans la maison, ça range, ça prépare le dîner et ça discute avec les amis. Mon petit frère est souvent au cœur de toutes les attentions tandis que je m'occupe dans mon coin, sans trop faire de bruit. Et puis vient le moment que je déteste : la fin du week-end et le retour sur Paris ! Soit le dimanche soir, tard dans la nuit. Maman me réveille dans mon profond sommeil et me met un blouson chaud, des chaussettes et chaussures pour m'installer dans la voiture où il fait un froid hivernal même en plein été. Je me rendors assez vite avant de recommencer l'exercice dans l'autre sens à l'arrivée. Puis la semaine reprend son cours quelques heures plus tard, avec un réveil difficile qui ouvre sur une triste perspective : l'école.

3

J'ai six ans, je continue mes cours de danse à Paris, mais je n'arrive toujours pas à monter sur le devant de mes pieds. En revanche, maintenant je réussis le grand écart ! Désormais c'est Nicole, la nounou n° 2, qui reste avec nous lorsque nos parents s'absentent.

*

Nicole adore mon frère. Il faut dire qu'à deux ans, il est super mignon avec ses taches de rousseur et sa bouille toujours prête à éclater de rire ou à faire pitié quand il vient de commettre une bêtise. Il est aussi très câlin, ce qui fait craquer. Il a en outre toujours un truc à raconter et comprend vite comment attirer l'attention.

Moi je suis le contraire : timide, observatrice, prudente et solitaire. Je peux jouer des heures seule en m'inventant des personnages ou réfléchir au pourquoi du comment des choses. D'ailleurs, je balance en permanence une question que je pose en montrant un objet, un légume ou un animal : « Ça pousse ou ça se fabrique ? » En y répondant, mes parents comme la nounou sont tranquilles pendant une bonne heure.

*

Je débute ma scolarité très discrètement, faisant ce que l'on me dit de faire sans vagues pour ne pas me faire remarquer. Il existe suffisamment de tempéraments forts dans cette famille pour que je ne vienne pas ajouter le mien.

4

J'ai sept ans, mon petit frère trois et nous déménageons pour un troisième appartement, plus grand, plus beau, situé au cinquième étage… sans ascenseur, juste à côté de la rue de Courcelles et donc des Champs-Élysée. Résultat, je change encore d'école et de copains !

Notre troisième nounou, Zohra, fait son apparition. Elle est douce, calme et ne fait aucune préférence entre mon frère et moi. Je l'aime bien…

Lucullus surgit aussi. Ou plutôt Lulu le cocker ! J'aime les animaux parce qu'ils sont toujours là pour nous écouter quand ça va bien et surtout si ça va mal. Et lui a l'oreille attentive envers moi.

*

Car mes parents sont de plus en plus absents pour cause de travail en commun. Alors, mon grand-père vient tous les jours faire des travaux à l'appartement, cassant la cloison entre le salon et la salle à manger, repeignant la grande entrée et la cuisine, posant du papier peint dans ma chambre et celle d'Emmanuel.

Cette fois, c'est moi qui en choisis la couleur. Elle est bleue et j'y suis enfin seule. J'ai même le droit de l'organiser comme je veux. Alors je place mon lit tout de suite à droite en entrant, le bureau pour faire mes devoirs se trouve en face devant la porte-fenêtre donnant sur un grand balcon, et la commode ainsi que les étagères occupent le pan de mur de gauche. J'ai même une petite cheminée sur le mur de droite, qui ne servira jamais mais qui accueille un grand miroir utile pour travailler mes exercices de danse classique.

*

Zohra s'occupe très bien de nous ; elle est là presque en permanence puisque papa et maman lui ont déniché une chambre au dernier étage de l'immeuble. Mais même si elle nous cuisine d'excellents couscous marocains et de très bons repas en général, j'ai de plus en plus mal au ventre lorsque mes parents ne sont pas là. D'ailleurs, durant cette première année dans l'appartement, je vais être malade presque tout le temps : après la rougeole largement partagée, j'enchaîne avec la varicelle, les oreillons, la roséole et même la scarlatine. Et pour jouer plus encore mon intéressante, je fais des pointes de fièvre proches de 40 à chaque fois.

Pendant ce temps, mon frère ne veut toujours rien partager. Même pas un rhume... Il m'énerve !

*

À cette période, débute la valse des « stars » à la maison : Serge Lama, Dalida, de grands auteurs de chansons françaises comme Pierre Delanoë, Jean-Pierre Lang ou Claude Lemesle viennent nous rendre visite. Moi je m'en fiche, je vois seulement des gens comme tout le monde. Seul le rire de Serge me gêne : il me fait peur, lui qui rigole drôlement fort en se frottant toujours les mains et en se balançant d'avant en arrière avec une jambe repliée sur l'autre. Je ne comprends pas pourquoi il adopte systématiquement cette position pour rire, je le trouve bizarre.

Comme ma chambre se trouve juste derrière la salle à manger, quand Serge dîne à la maison, je sais que je vais être réveillée en sursaut à chaque crise de rire... Il m'énerve, lui aussi !

5

Un jour, à l'école, une copine me raconte qu'elle a vu Josh Randall (alias Steeve McQueen dans *Au nom de la loi*) dans la rue en plein Paris... Lui, à mes yeux, c'est une vraie star !

Alors je rentre à la maison en courant et dis ma mère :

— Eh maman, tu sais pas ce que Marlène m'a raconté aujourd'hui ?

— Non, quoi ?

— Ben qu'elle avait vu Josh Randall dans la rue !

— Oui et alors ?

— Ben alors je lui ai répondu que ça n'était pas possible !

— Ah bon ? Pourquoi lui as-tu dit ça ?

— Parce que c'est pas possible, il joue dans des films !

— Et alors ? C'est tout à fait possible qu'il soit à Paris en ce moment et que ta copine l'ait vu...

— Ah ? Qu'est-ce que je lui dis alors ?

— Tu n'as qu'à lui dire que chez toi Dalida et Serge Lama viennent dîner de temps en temps !

— Pfffff (en levant les yeux au ciel), c'est pas des cow-boys !

*

Voilà comment je ne me rendais absolument pas compte de la notoriété publique des amis de mes parents : puisqu'à la maison, ils étaient habillés normalement et faisaient tout comme tout le monde, je n'envisageais pas une seconde quelle pouvait être leur popularité.

6

Un matin, mon père entre dans ma chambre pour me parler sérieusement. Il souhaite, ainsi que maman, que j'apprenne le piano afin de pouvoir, plus tard, devenir concertiste et parcourir le monde entier. Comme habite juste en dessous de chez nous une prof et que nous possédons l'instrument... « Pffff bon, d'accord ! », lui dis-je.

*

J'entame mes cours de piano et de solfège avec une vieille dame qui se maquille beaucoup. Elle tient dans ses mains une règle en bois marron foncée avec laquelle elle me tape sur les doigts si je ne respecte pas le rythme du métronome ou entonne une fausse note... Elle m'énerve ! En plus, elle peut vérifier si je fais mes exercices journaliers vu l'épaisseur du plancher.

*

Tous les trimestres, elle organise aussi un concours de piano dans son appartement, y invitant les parents de ses élèves en guise de public. Il y a trois niveaux : débutant, moyen et confirmé. Nous sommes à peu près une dizaine dans chaque catégorie et le premier a droit à une croix d'honneur qu'il gardera précieusement jusqu'au prochain concours, trois mois après.

Durant mes trois années de cours avec cette dame, je vais obtenir la croix d'honneur à cinq reprises et mon classement le plus mauvais sera troisième... Il paraît donc que je suis douée.

Sans doute, mais le piano ne me passionne pas plus que ça puisque ce n'est pas moi qui ai choisi d'en jouer. Je m'en fiche, tant que je continue à danser, c'est le principal.

7

En 1974, l'existence de mes parents prend une autre tournure. Ma mère dispose de sa voiture, mon père de la sienne et ils sont de moins en moins présents dans la vie familiale. Ils se fichent de mes devoirs, de mes notes et des histoires avec mes copains et copines. Ils ratent mes concours de piano et mes spectacles de danse et n'assistent pas même au difficile passage de mes chaussons aux pointes... Mais bon, c'est pas grave... Je me fais une raison.

Pourquoi ces absences ? À cause d'une chanson qui passe tout le temps à la radio, chantée par Dalida, et qui s'appelle *Je suis malade* dont maman a composé la musique. Alors, elle passe à la télé. Serge Lama, qui en a écrit le texte, se met à la chanter aussi... Ensuite, Alice compose de nouvelles musiques pour Serge et plein d'autres artistes. Et elle se retrouve par monts et par vaux.

Quand ils sont là, mes parents s'engueulent souvent à cause du travail. Ces altercations me rendent vraiment triste et me donnent d'ailleurs mal au ventre. Et quand ils m'annoncent qu'ils vont s'absenter assez longtemps pour partir en tournée, mes tripes se retournent d'un coup. Mais que puis-je dire ?

*

Zohra s'en allant pour raisons familiales, la quatrième nounou arrive. Son prénom ? Betty. Jolie Betty, blonde, les yeux bleus, très mince, porte des jeans moulants et a des seins énormes ! Elle est jeune, pas plus de vingt-cinq ans, et je crois que les hommes qui viennent dîner à la maison l'aiment beaucoup !

Elle aussi affiche une nette préférence pour mon petit frère. Comme elle lui passe tout et trouve toujours une excuse à ses bêtises, ça m'énerve. Mais je ne dis rien. Moi, au moins, je ne fais pas de bêtises. En revanche, je continue à tomber malade… quarante-huit heures avant le départ en tournée de mes parents cette fois. Je me retrouve avec une énorme douleur en bas du ventre sur la droite et 41,2 degrés de fièvre. Le docteur débarque en pleine nuit et diagnostique une crise d'appendicite. Nous partons pour l'hôpital. Sur place, j'ai tous les symptômes requis pour une opération mais les médecins préfèrent attendre le lendemain matin pour intervenir. Mes parents étant là, les infirmières me surveillant, je me sens en sécurité. Du coup, au réveil, je ne ressens plus aucune douleur, ne manifeste plus aucun symptôme et la fièvre a chuté… Fausse alerte, nous rentrons à la maison mais mes parents s'en vont quand même. Je vais avoir un peu mal au ventre durant leur absence mais pas plus que d'habitude, alors ça n'est pas grave.

*

À leur retour, nous recevons, mon petit frère et moi, tout un tas de cadeaux. Emmanuel en raffole, moi beaucoup moins ; mais c'est gentil quand même.

Papa et maman se disputent à nouveau. Si mon frère décide de peindre une œuvre d'art très personnelle sur le papier peint de sa chambre, mon père explose en lui mettant une trempe magistrale. J'ai un peu peur de lui : papa semble toujours en colère et de mauvaise humeur. Pire, il crie sur Betty et se dispute même parfois avec les invités. Que lui arrive-t-il ?

*

Ma scolarité continue de se dérouler sans problème même si je me mets un peu à part à la récré. Je trouve en effet presque stupide de sauter à la corde, de jouer à l'élastique ou à la marelle... À quoi ça sert ? Non, moi je préfère discuter avec ma copine du moment ou partir dans mes rêves.

Pacha, un Labrador jaune, surgit dans la famille. Il est trop mignon mais fait beaucoup de bêtises dans l'appartement. Comme Lulu devient jaloux et carrément méchant, mes parents le confient à ma tante Micheline, qui vit à Bordeaux et va le chouchouter comme il le mérite. On ne me demande pas mon avis de toute façon, donc je ne bronche pas.

*

La maison de campagne a changé aussi. Elle se situe à Bullion dans la vallée de Chevreuse, cette fois, près de Michèle et Yvon, des amis de mes parents. C'est une maison neuve, dans un lotissement situé en pleine forêt. Je me fais des copains et copines de vélo. De toute façon, puisque mon père et ma mère se disputent toujours, je me sens mieux dehors.

Autre première, il y a un voisin beaucoup plus âgé que moi (de deux ans !), que je trouve drôlement mignon ! Le voyant souvent travailler à son bureau parce qu'il laisse la fenêtre de sa chambre ouverte, je m'applique à effectuer des allers et retours en vélo devant son domicile, pas très loin du nôtre. Je fais mine de ne pas le regarder et adopte une fière allure sur mon engin dès que je pense être dans son champ de vision, mais il ne saisit pas. Un bide.

Thierry, si tu me lis... !

8

J'ai neuf ans plus quelques poussières. Et pour changer, nous déménageons. Objectif cette fois, nous installer définitivement à la campagne. Aux Bréviaires, petit village de trois cents âmes, près de Rambouillet. La maison, immense, est une ancienne ferme de quatorze pièces, avec un hectare de terrain, dont une partie dans la forêt, un tennis, des dépendances genre cellier, cave, garage etc. Comme elle se situe au bout d'une petite rue communale menant à la magnifique forêt domaniale de Rambouillet, nous nous sentons un peu seuls au monde dans cet espace immense. Personnellement, je n'aime pas cette nouvelle adresse : tout est trop grand et surtout… trop loin de Paris. Impossible d'imaginer que mes parents, accaparés par leurs boulots, seront un peu plus souvent présents.

Je suis en outre obligée d'interrompre mes cours de danse et de piano jusqu'à ce que l'on trouve de bons profs dans le coin. La nounou change aussi. La cinquième du nom s'appelle Angelina et vit avec nous en permanence. Je ne l'aime guère plus, tant elle est froide, sans émotion apparente. Pire, elle se teint les cheveux dans un roux orangé super moche ! Son accent portugais m'agace aussi ; à croire qu'elle refuse de faire des efforts pour nous parler français correctement. En plus, elle parle très fort. Surtout après moi.

Tout cela m'énerve de plus en plus.

*

Roger et sa tante font leur apparition. Il est sympa Roger, l'homme qui s'occupe de ce qu'il y a à réparer, jardiner ou bricoler dans la maison. Bien sûr, il râle tout le temps, mais comme il a aussi toujours un truc rigolo à raconter, je m'amuse. Et puisqu'il ne se sépare jamais de sa tante, nous voilà donc avec deux occupants supplémentaires à demeure. Une sorte d'autre famille se constitue.

*

Pacha, lui, apprécie la maison et son immense jardin. Alors mes parents décident de lui offrir un copain baptisé Napo (Napoléon étant une star dans la famille)... Il est magnifique Napo, pèse près de quatre-vingts kilos et dissuade quiconque oserait s'aventurer à passer le portail sans y avoir été invité. Et pour cause, c'est un dogue allemand !

Dans la série animalière, histoire de nous occuper, nous récupérons aussi les chats errants du coin... Huit félins trouvent la maison confortable et la cantine à leur goût.

Il faut en outre remplir le poulailler situé derrière la cuisine, à l'extérieur. Seize poules et un coq feront l'affaire et fournissent nos œufs frais quotidiens. Seul problème, le coq ne manque jamais une occasion de nous réveiller à la montée du jour. Pire, mes parents ont choisi le seul coq au monde qui chante totalement faux... Un comble pour des musiciens !

Devant l'aile principale de cette ancienne ferme en « U » se trouve une jolie mare arborée. Après l'avoir clôturée et nettoyée, huit canards, une oie et un jar prennent possession des lieux. Je conseille vivement le « pincement » du jar qui, par vice j'en suis certaine, ne se contente pas de vous pincer fortement non, il pince tout en tournant son bec ! Sale bête !

*

Les occupants de la propriété étant au complet, venons-en à la maison elle-même.

De l'extérieur, on n'en voit pas grand-chose. À moins d'être monté à cheval. Ce qui nous vaut les salutations des nombreux cavaliers qui passent devant chez nous pour aller galoper en forêt.

Le portail en bois donne sur une vaste cour gravillonnée. À gauche, le jardin et la mare et, sur la droite, l'aile principale.

L'entrée est ornée d'un vieux vaisselier chiné dans les ventes aux enchères dominicales dont mes parents raffolent (c'est ainsi que la maison est meublée), d'une vieille table sur laquelle trône le téléphone, s'entasse le courrier et différentes clés, ainsi que d'une porte donnant sur un lavabo-toilettes-portemanteaux des invités. Cette pièce est également la « chambre » de Pacha et Napo avec leurs paniers respectifs.

La porte de gauche mène à la pièce principale – gigantesque – de la bâtisse. Un énorme salon-salle à manger doté d'une loggia qui fait office de salon télé. Quatorze mètres de hauteur sous plafond, poutres apparentes, tommettes au sol et cheminée énorme. Il faut traverser cette cathédrale pour accéder à l'aile réservée aux parents et invités.

Une fois engagé dans ce couloir, le bureau de travail de mes parents se trouve dans la première pièce à droite. Le piano droit fait face à la fenêtre et tous les appareils nécessaires à enregistrer de nouvelles mélodies sont posés sur les étagères de droite. Sur les murs, des photos de scène, de magazines, des pochettes d'albums ont été soigneusement disposés par maman. En ressortant du bureau, on s'arrête devant trois fusils fièrement accrochés sur le mur d'en face. Une Winchester, un fusil à pompe et un troisième dont je ne sais plus le nom. Je n'aime pas les armes en général et aurai maintes raisons de les haïr à vie un peu plus tard…

Plus loin sur la gauche arrive la grande chambre de mes parents. Dotée d'une terrasse privative donnant sur le terrain, d'un escalier qui conduit à leur salle de bains située au 1er étage, comme leur dressing. Une sorte de petit appartement fort sympathique.

Au bout du couloir, il y a encore une chambre d'amis avec salle de bains intégrée, télévision et porte-fenêtre donnant cette fois sur le tennis et la cour intérieure.

Si on revient dans la pièce principale et que l'on prend le grand escalier en chêne massif, on accède à la loggia munie d'un canapé en cuir, d'une table basse, d'une grande télé et d'une bibliothèque qui ferait pâlir n'importe quel historien (mon père est un fan total d'histoire).

C'est dans cet endroit précis que j'ai un jour découvert bouche bée un grand prix de Formule 1 à la télé et vu pour la première fois Alain Prost et Ayrton Senna.

En ouvrant la porte de la loggia, mes souvenirs me conduisent vers un autre couloir, menant à la chambre de mon frère, à la mienne et à celle de Roger et de sa tante, pour finir par une énième salle de bains.

La pièce d'Emmanuel est bleue, du papier peint à la moquette. Chaque chambre est équipée d'un lavabo et d'un bidet avec un petit rideau de séparation, les fenêtres donnent sur l'entrée principale et la mare aux canards. La pièce du frangin n'a de chambre que le nom, car si je vous dis la vérité, c'est un bordel sans nom justement… !

La mienne est rose, mais un vieux rose assez joli. Je dispose d'un secrétaire à multiples tiroirs qui sert de bureau pour mes devoirs, d'un lit bateau, d'une commode et d'une grande armoire pour mes nombreux vêtements, le tout venu des ventes aux enchères ! On ne m'a pas demandé mon avis mais tout, à mes yeux, est bien trop vieux !

En descendant les escaliers situés à l'autre bout du couloir, on réapparaît au rez-de-chaussée, cette fois dans la salle de jeux qui fait aussi office de pièce à bricoler. Mes parents y ont posé un vieux flipper, cadeau offert à mon frère pour le récompenser d'avoir eu un B en conduite ! Il y a encore une table de ping-pong pliante et les pots de peinture et outils que Roger entasse. C'est aussi ici que les chats dorment et mangent. Ensuite, nous tombons dans la salle à manger « familiale » ouvrant sur la grande cuisine, donnant elle-même sur la chambre avec salle de bains d'Angelina.

Voilà pour le tour du propriétaire… Pourquoi évoquer aussi minutieusement cette demeure un peu perdue au milieu de nulle part ? Parce que ce cocon – pas vraiment rassurant selon mon souvenir d'enfant – constitue l'une des fondations de ma mémoire de petite fille. Me remémorer le plan, les pièces, les objets, c'est dénicher enfin, du fond de ce jeune parcours, un lieu où nous sommes restés un peu plus qu'ailleurs. C'est aussi l'illusion (douce et triste illusion) d'avoir au moins un chapitre de mon enfance vécu comme celui de mes camarades de classe d'alors : *normal*, avec tous les attributs classiques d'une vie *normale*.

*

Pour aller avec le cadre, mes parents achètent un 4x4 Toyota muni d'un treuil. Un outil utile lorsqu'il s'agit de secourir les automobilistes aventureux s'étant garés au bout de la rue avant d'aller se promener en forêt.

Et pour peaufiner la propriété, un verger est agencé derrière le tennis. Nous avons alors droit à nos pommes, poires, prunes et cerises chaque année. Au fond du jardin, dans la partie boisée, mon père fait construire aussi un chalet en rondins de bois où il range le tracteur qui servira à tondre le terrain, ainsi que les outils de jardin.

Qu'ajouter à ce panorama a priori idyllique ? Que beaucoup songeront, vu de l'extérieur, que tout va bien dans le meilleur des mondes pour notre famille. Oui, on pourrait le proférer, mais ce serait mentir car, hélas ! ce n'est pas le cas du tout.

9

Car l'électricité entre mes parents ne cesse de s'accroître et faire des étincelles. À cause du travail et de la distance, mes parents rentrent tard le soir. Les débriefings de fin de journée ont beau commencer dans la voiture, ils ne s'achèvent pas pour autant une fois la grille franchie. Un soir sur deux en moyenne, les conversations entre le producteur et sa chanteuse s'enveniment et, bien que la maison soit très grande, mon frère et moi sommes souvent réveillés par des voix qui s'élèvent et autres friandises du genre. Papa et maman ont de plus en plus de mal à être sur la même longueur d'ondes.

*

Les week-ends, quand mes parents sont là, nous restons rarement en famille. Maintenant que la réussite professionnelle peut – et doit – se faire voir à qui veut, de « nouveaux amis » viennent passer leur fin de semaine chez nous. Tournois de tennis, balades en forêt ou écriture de chansons… tous les moyens sont bons pour accueillir la « crème » du show-biz.

Moi, je n'aime pas ces visiteurs qui nous disent à peine bonjour, qui fument de gros cigares, prennent l'air d'être chez eux et croient tout savoir. Bon, de temps en temps il y en a des sympas, mais cela reste assez rare.

10

Maintenant que nous avons une maison à la campagne, seul l'été nous fait sortir des Bréviaires.

Les grandes vacances se déroulent chez mes grands-parents maternels, aux Issambres, dans le Var. La maison, avec vue magnifique sur la mer et le golfe de St-Tropez, se trouve sur une des collines naissantes de l'Estérel. Elle est sympa, cette petite villa sur deux niveaux ! En haut se trouve le salon-salle à manger-cuisine avec vaste balcon, ainsi que la chambre et la salle de bains de mes grands parents. En bas, il y a la chambre de Cricri, la sœur de maman, et un studio aménagé pour les invités, avec là encore une grande terrasse ouvrant sur la mer et un salon de jardin où se prennent parfois les repas.

Encore plus bas (le terrain est en pente !) se niche le bijou de la maison et le bonheur de tout le monde, la piscine ! J'adore. L'eau y oscille entre 27 et 30 degrés ; il y a un plongeoir sur lequel nous exerçons notre plouf-attitude, des transats qui jalonnent le pourtour de cette immense baignoire et même des fauteuils flottants qui font bronzer encore plus vite !

J'y passe tous mes étés avec mon frère. Un autre socle, assez heureux celui-là. Mes parents viennent quelques jours avec nous, avant de repartir en tournée ou chez des amis. Comme d'habitude, je préfère quand ils sont là même si mon père se dispute de plus en plus avec ma grand-mère et surtout avec maman. Le climat vire plus que jamais à l'orage.

*

Il faut avouer que ma grand-mère n'est pas forcément très sympathique depuis la naissance de Cricri, sa fille handicapée. On dirait qu'elle en veut à la terre entière. Du reste, elle parle de sa vie comme si elle était définitivement gâchée. Certes, on peut comprendre ce que cela représente d'avoir un enfant trisomique mais, en attendant, elle est cool Cricri, elle adore la musique, se souvient de toutes nos dates de naissances, ainsi que de celles de ses acteurs et chanteurs préférés dont elle est systématiquement amoureuse et, surtout, elle déborde de gentillesse, de douceur et d'amour. Alors oui, ce doit être un drame d'avoir un enfant « pas comme les autres », mais j'ai toujours pensé qu'il y avait pire qu'elle et que ma grand-mère aurait pu le voir et le reconnaître au lieu de ressentir une perpétuelle injustice envers la vie. Car, du coup, Mamie ne cesse de critiquer tout le monde et jamais personne ne lui arrive à la cheville. Une attitude vraiment pénible !

En plus, elle fait très mal la cuisine ! Résultat, comme je ne mange déjà pas beaucoup, je vais entendre durant des années que je risque de finir à l'hôpital si je ne me nourris pas plus… Oui mais, moi, les salades de tomates aux kiwis ou à l'ananas, beurk ! Les beignets aux pâtes rebeurk. Sans parler du pâté décongelé au soleil ou des steaks bouillis… Beurk, beurk, beurk ! Et puis elle m'énerve elle aussi, quand elle prétend que je ressemble à mon père si je ne veux pas de quelque chose.

De toute façon, si quelqu'un ose émettre une critique ou un reproche sur l'un de mes parents, je monte directement dans les tours. Ma grand-mère, qui casse régulièrement du sucre sur le dos de papa quand il s'éloigne, n'y échappe donc pas.

Et puis, elle est jalouse. De tout et de tout le monde. Elle demeure incapable d'être heureuse pour quelqu'un ou de se réjouir de quelque chose. Seul compte que Cricri lui gâche tout, comme elle l'a décidé.

*

Mon grand-père, lui, est plus cool. Passionné par la méca-nique, il répare toujours un tas de trucs dans son garage, colmate les fissures de la terrasse de la piscine, plante un figuier ou fait la sieste sous son pin. Il siffle en permanence de vieux airs de son époque et tente, lui, de prendre la vie du bon côté. Ce qui équilibre un peu les choses.

*

Les vacances avec mon frère sont en général houleuses. Presque comme chien et chat, nous nous disputons régulière-ment. Il m'est même arrivé de recevoir un bol de chocolat chaud sur la tête ou de me retrouver avec un orteil cassé après un bon coup de talon.

Emmanuel continue de s'exprimer en criant, fait toujours autant de bruit et est incapable de rester seul plus de cinq minutes sans commettre une bêtise. Sans doute sa manière à lui de régir au climat ambiant. Mes parents le surnomment assez rapidement « mains de merde », tant il casse ce qui passe par ses doigts malhabiles et plus particulièrement ce qui m'appartient. Une guerre froide omniprésente s'est ins-tallée entre nous et je suis sur le qui-vive en permanence.

*

Dans les rares moments d'accalmie, mon imagination prend le dessus et travaille à plein régime : je rêve de me téléporter dans mon monde parfait.

Je peux ainsi me poser en haut des marches qui vont vers la piscine – et il y en a un bon paquet – pour les descendre une à une très lentement, en fredonnant une douce mélodie et en imaginant que mon prince charmant m'attend en bas. Je vois déjà nos regards se croiser et j'entends même sa voix. Bientôt, débute une histoire d'amour fantastique, une idylle douce et calme que je ne cesserai de rechercher jusqu'à mes trente ans !

11

Un jour, aux Issambres, je demande à mon père comment on fait les bébés. Très fier de ma question, il m'explique très adroitement le cheminement, un peu trop technique à mon goût, de la fabrication d'un être humain. Déçue d'explications réelles mais peu poétiques données trop vite, rapidement je n'écoute plus ses propos, récit trop banal en fait. Je repars dans mes rêves, ponctuant cependant régulièrement le monologue de mon père par des « oui oui » prudents.

Voilà un bon côté de nos vacances. Hélas ! j'en capte peu dans mes souvenirs.

*

Car mes parents persistent à se fritter, s'asticoter, s'engueuler, eux qui sont rarement capables de parler d'autre chose que de leur métier. Je comprends que la musique, la chanson, le succès puissent être prenants pour ce directeur artistique-producteur et cette mère chanteuse-compositeur mais j'ai l'impression que c'est la chose la plus importante dans leur vie, que Manu et moi servons à agrémenter le décor d'une existence familiale idéale.

J'assiste ainsi à des scènes rudes, choquantes même – en tout cas à mes yeux d'enfant – qui donnent envie de pleurer et font plus que jamais mal au ventre. Car lorsqu'ils sont en phase « brouille bruyante », il n'y en a pas un pour rattraper l'autre.

Ils se reprochent tout et n'importe quoi, le ton monte vite, les insultes et les cris fusent et ma mère finit par prendre la voiture pour aller faire un tour. Pendant ce temps, mon père explique à mes grands-parents – estomaqués – qu'ils vont se séparer prochainement. Et moi j'entends, perçois, assiste sans qu'on me protège. Une ambiance de crise plane sur les vacances, ambiance lourde qui, souvent, quelques heures plus tard, retombe car les choses se calment et tout le monde fait comme si rien n'était arrivé. Pas d'explications, aucune excuse ! Personnellement, du haut de mes petits dix ans, je trouve injuste que nous, les enfants, soyons obligés de demander pardon après avoir commis une bêtise ou prononcé un gros mot, alors que les adultes, eux, et en l'occurrence mes parents ne s'en donnent pas la peine. Les grands sont bizarres, quelquefois.

12

Les bons souvenirs des Issambres sont en fin de compte souvent liés à mon grand-père. Car c'est lui qui nous emmène faire des balades sur son bateau du moment, coque de noix achetée une misère et soigneusement « bricolée » afin de pouvoir aller « profiter » de la mer et de ses nombreuses aventures !

*

Les déboires de Papy et de ses bateaux méritent un arrêt au port des souvenirs.

Tout a commencé avec « le Tarpon », petit bateau à moteur hors bord, très puissant par rapport à son poids et de forme pointue assez sportive. Le Tarpon nous permet de naviguer dans le golfe de St-Tropez, d'aller y visiter son port débordant de yachts luxueux et de cigarettes plus belles les unes que les autres, d'essayer le ski nautique – que toute la famille pratique – ou de s'amarrer pas loin d'une plage pour y passer une heure ou deux.

De ces nombreuses sorties en mer sur le Tarpon, il en est une qui m'est restée en tête. Nous nous baladons comme d'habitude, ultra-crémés pour ne pas attraper de coups de soleil, avec casquettes contre les insolations, lunettes et maillots de bains de rigueur. Ma grand-mère et ma tante restent, elles, à l'arrière du bateau. Elles « aiment » bien. Enfin, c'est mamie qui décide que Cricri aime… Les voici donc assises, une de chaque côté du capot du moteur, mon grand-père aux commandes secondé par mon petit frère, et moi à l'avant (parce que devant il n'y a personne, que ça va plus vite que derrière, si si ! et que ça tape fort quand il y a des grosses vagues !). Et puis, brusquement, le bateau se soulève juste avant de s'enfoncer dans la mer, comme si nous venions de prendre de plein fouet une vague de trois mètres… Mamie bascule en arrière, Cricri attrape une de ses chevilles au vol pour l'empêcher de tomber à l'eau et Papy ne comprend pas ce qu'il se passe. Il ne s'affole jamais mon grand-père, à moins que là il n'ait pas eu envie de… Ohhh, on se calme, je plaisante !

Après nous être remis de cette embardée, avoir entendu la flopée de reproches glapissants de mamie, une question reste en suspens : qu'est-il arrivé ? Et nous voilà partis dans des suppositions plus ou moins crédibles, allant de la baleine au marsouin en passant par une tortue géante ou, plus banalement, un vulgaire sac en plastique (qui nous aurait soulevé puis reposé, mais bien sûr mamie !). Sans dénicher de solutions plausibles. Le mystère demeure encore aujourd'hui.

*

Avec « le Vikan », deuxième bateau plus grand aussi, nous continuons à faire du ski nautique, les uns en bi, les autres en mono. Mais je vous rassure, les skis ne sont évidemment pas adaptés aux enfants – sinon ça ne serait pas drôle – et datent vraisemblablement de plusieurs siècles (Papy étant le roi de la récup') vu leur poids et leur taille. Néanmoins nous faisons avec et peu importe si nous skions avec des péniches aux pieds et manquons de nous casser les chevilles à chaque gamelle parce que c'est bien gentil de la part de Momo, ami d'enfance de mon grand-père, de nous avoir fourgué ses vieux skis tous pourris qui évitent à Papy des dépenses inutiles !

Autre obligation, partir assez tôt le matin pour que la mer soit calme. Hélas ! quand la mer est calme on voit beaucoup mieux les bancs de méduses qui flottent sous les skis et nous interdisent de tomber ou de nous arrêter. Mais allez expliquer la trouille de tomber dans ces eaux gluantes et urticantes de votre palonnier situé à trente mètres derrière le bateau. Allez lui hurler qu'il ne faut surtout pas s'arrêter pour cause de promesse de cloques !

*

Une autre fois, nous partons pique-niquer en mer. Il ne fait pas très beau mais rien qui puisse nous interdire de naviguer. Nous dénichons une jolie crique où jeter l'encre, et notre déjeuner se déroule sans problème. Au dessert toutefois, le vent se met à souffler assez fort et les nuages à devenir plus sombres et nombreux. Mince, il commence à pleuvoir. Le tonnerre se fait entendre et les éclairs surgissent sur les collines de Sainte-Maxime devant nous. Les vagues deviennent même de plus en plus grosses. Et le vent souffle fort. Nous plions le pique-nique et prenons le chemin du retour. Oui, sauf que le bateau ne veut pas démarrer. La clé, bien usée par le sel à force de rester en permanence sur le contact, se casse dans le démarreur. Pire, au moment d'ouvrir le capot moteur, nous découvrons une dizaine de centimètres de hauteur d'essence dans la cale. Le bilan est lourd : fuite d'essence, clé cassée, orage et nous au milieu du golfe de Saint-Tropez à regarder les autres bateaux rentrer sagement au port. Évidemment, pas question de requérir l'aide d'un autre bateau, mon grand-père (italien !) – à qui cela n'est jamais arrivé – aurait trop la honte. Nous attendons donc une bonne demi-heure en le regardant tenter de réparer la fuite mais rien n'y fait : le démarreur ne veut décidément rien savoir.

Je dois même souligner l'idée – exceptionnelle – de ma grand-mère pour nous sortir de là : debout sur la plage avant, munie d'une grande serviette de bains mouillée, avec un côté coincé sous ses pieds et l'autre dans ses mains, elle espère transformer le bateau en voilier !

Les minutes défilent et tout le monde commence à avoir peur. Car l'orage est à côté de nous maintenant, et nous sommes presque seuls dans les parages. Nous décidons donc enfin d'appeler le dernier bateau en vue en secouant nos serviettes dans tous les sens. Celui-ci nous ayant remarqué, nous rentrons derrière lui, remorqués à l'aide d'un bout jusqu'au port de Sainte-Maxime. Papy a honte mais on s'en fout : on a assez rigolé, on a froid et on veut rentrer maintenant !

*

Quand ça lui prend, Papy décide aussi d'aller déjeuner à Porquerolles, toujours par la mer, ce qui nous prend bien la journée. Il faut deux heures pour y aller, rester deux à trois heures sur place et trois bonnes heures pour rentrer.

Mais si le matin la mer est calme, l'après-midi on ne sait jamais comment cela va se passer ; même en se renseignant auprès de la météo, le temps en mer peut très vite changer. De ces grandes escapades, nous nous rappelons en fait surtout les retours. Car même s'il fait un grand soleil, le vent marin se lève vite pour nous donner de jolies vagues et nous obliger à rentrer trempés et salés à la maison.

Au moins, cela nous amuse beaucoup, mon frère et moi... jusqu'à notre prochaine dispute !

13

Fini les vacances. Je rentre en sixième au lycée du Rondeau de Rambouillet. Quelle usine, cet endroit ! Moi qui n'aime guère le monde et le bruit, je suis perdue au milieu des innombrables salles de cours. Je sens aussi très vite que les études ne feront pas de moi une grande diplômée, qu'elles ne sont « pas mon truc » et que je n'ai aucune envie de me fondre dans le moule de l'Éducation nationale. Je suis toutefois une bonne élève – toujours histoire de ne pas me faire remarquer – mais sans faire de miracles pour autant !

Une matière me paraît totalement inutile et imperméable à mes neurones, les maths ! Je ne vois pas à quoi me servirait de savoir réaliser une fraction et me fiche encore plus de la vitesse du train à deviner sachant qu'un robinet fuit chez Pierre tandis que Martine se demande combien elle peut acheter de tomates (beurk) et de pommes de terre au marché avec 19,70 F... Dans ma caboche pleine de bon sens, Pierre n'a qu'à appeler un plombier, et Martine s'acheter des conserves en attendant de gagner plus d'argent !

Je sais, je fais un peu ma rebelle mais j'ai onze ans maintenant !

14

Des Bréviaires à Rambouillet, la distance est d'environ une vingtaine de kilomètres. Chaque jour un bus scolaire se charge du trajet, conduit par un chauffeur contraint de supporter une belle bande d'adolescents totalement… adolescents ! J'assiste donc à des batailles de boulettes de papier, des flirts insipides, des comptes rendus d'exploits minables survenus lors du dernier cours d'anglais et écoute les dernières histoires de cœur de mes « copines ». Toujours fermement accrochée à mon poste d'observatrice en retrait, je ne comprends pas grand-chose aux gamins de mon âge, à mes yeux aussi stupides qu'inintéressants. Consolation, je deviens l'amie d'une voisine de quatre ans mon aînée, prénommée Florence. Ses parents tiennent une fabrique de bois et construisent des chalets. Le leur, magnifique, fait d'ailleurs sensation dans le village. Moi, je le trouve original et j'aime cette jolie famille pleine d'enfants de tous âges – on dirait presque que sa mère met au monde un bambin chaque année –, heureux, blonds et aux yeux bleus alors que le père est brun et frisé.

Florence se montre assez solitaire elle aussi. Comme elle est l'aînée, sitôt ses cours terminés elle doit rentrer aider au ménage, aux devoirs de ses frères et sœurs ou à la cuisine. Nous réussissons quand même à nous voir en dehors du « bahut » pour discuter de nos vies, du BEPC qu'elle va bientôt affronter et de ce qu'il se passe chez moi… Confidences de deux âmes seules.

*

Car ce n'est toujours pas la fête à la maison. Angelina m'horripile avec sa voix aiguë et ses cheveux orange, mon frère multiplie les bêtises et les parents se prennent plus que jamais la tête.

Alors je me protège comme je peux, me renferme et reste souvent dans ma chambre. Je lis, j'écoute de la musique, voire je réfléchis, au désespoir d'Emmanuel qui aimerait que l'on joue ensemble… N'importe quoi ! Il a quatre ans de moins que moi et en plus c'est un garçon !

*

Un soir, en m'endormant, je perçois des bruits étranges venus de la « salle de bains » de ma chambre… En allumant la lumière, je découvre une petite souris trop mignonne. Le lendemain, je pose un morceau de fromage à sa portée, qu'elle ne manque pas de venir grignoter. Comme j'ai pris soin de mettre un tee-shirt sur ma lampe de chevet afin de pouvoir l'observer sans l'effrayer, je n'en perds pas une miette. Ma nouvelle copine apparaissant désormais tous les soirs, je suis fière de voir quelqu'un me porter intérêt. Mais je commets une grosse gaffe : toute contente, je raconte cette vie animalière trépidante à mon frère. Qui ne trouve rien de mieux que de faire entrer Whisky, un sublime chat noir qui avait le hoquet à la naissance, dans la pièce, pendant mon sommeil !

Je laisse imaginer le spectacle découvert le lendemain matin. Au pied de mon lit, Whisky, réjoui, attend mon réveil, fier de montrer ses talents de chasseur avec ma copine inanimée dans sa gueule. Le choc ! Je suis éberluée de constater combien les animaux ne se respectent pas non plus entre eux et, après avoir engueulé l'affreux félin, je me mets à pleurer… C'est cela les règles du jeu ? Les plus gros mangent les plus petits ? Les beaux moments ne peuvent durer ?

Une fois mes larmes séchées, il me reste une mission : trouver l'immonde individu coupable d'avoir fait rentrer ce

stupide carnassier dans ma chambre. Il ne me faut pas beaucoup de temps pour dénicher le coupable, la trombine
moqueuse de mon frère valant tous les aveux. S'ensuit une
course folle à travers la maison qui a le don de mettre Angélina
dans tous ses états, tant ce genre de démonstration finit d'ordinaire mal pour l'un ou l'autre. Soit je me fais mal seule, soit
Emmanuel se retourne et me tape dessus où il peut.

*

De fait, un autre jour, je me suis retrouvée avec sa fourchette
plantée dans mon avant-bras gauche.

Nous sommes à table avec Manu et, comme d'habitude,
nos échanges n'ont rien de fraternels. J'ai dû dire quelque
chose qui ne lui a pas plu puisque, au lieu de piquer ce qu'il
y a dans son assiette, mon frère s'en prend à mon bras. En
somme, je vis une scène que je ne vois d'ordinaire que dans
les films. Certes, je vous rassure : l'assaut relève plus de l'anec-
dote que du drame physiquement douloureux, l'objet n'est pas
resté planté et l'os n'a pas été touché, mais force est de constater
– et regretter – qu'entre nous surgissent, rarement alors,
d'autres types d'échange. Je n'ai plus en tête de rigolades ou
de moments câlins qui équilibreraient, tempéreraient cette ani-
mosité constante.

De toute manière, je suis de moins en moins tactile. Plus
je grandis et apprends sur les autres, plus je me mets en retrait.
L'instinct de survie en somme.

15

Mon année en sixième touche à sa fin et mes notes, bien qu'acceptables, ne filent pas forcément dans le sens du progrès. Et je ne parle ni des maths ni de la prof qui a eu la gentillesse de m'accorder un deux sur vingt au troisième trimestre afin de saluer ma présence, mais d'un nouveau centre d'intérêt perturbateur.

J'aime mieux le lycée en fait, depuis l'arrivée des beaux jours de printemps. Car les heures de perm sont transformées en balade dans l'immense parc situé juste en face et surtout parce que j'ai échangé mon premier vrai bisou avec... Emmanuel.

*

Ah Emmanuel !

Il est trop beau ! Blond aux yeux bleus, il ressemble à Coco, le fils aîné de Claude François. Membre de ma classe, il fait partie de ces élèves énervants qui ont des super notes sans y être vraiment pour quelque chose. Il passe son temps à rire, à faire tourner les profs en bourrique et à chercher le prochain délire qui déridera tout le monde...

J'adore ses fringues aussi. Jeans, tennis blanches (Stan Smith obligatoires !) et petit blouson font de lui un garçon propret agrémenté d'un petit côté voyou qui me fait craquer !

Toujours est-il que nous passons beaucoup de temps ensemble, la main dans la main, et que le premier « vrai » bisou s'échange dans le parc du Rondeau durant l'absence d'un professeur.

Quelle sensation magnifique que cette communion entre deux êtres, maladroits certes, mais empreints de douceur et de tendresse. J'ai seulement onze ans mais ce baiser restera inoubliable et m'aidera plus tard à me souvenir que les garçons ne sont pas forcément des brutes agressives comme j'aurais une grande tendance à le penser.

*

Ce qui est sympa aussi en cette fin d'année, c'est la fête foraine annuelle installée face au lycée durant tout le mois de juin. Difficile d'aller en maths (surtout avec un deux de moyenne !) ou en perm quand nos profs font grève ou sont absents, avec un tel espace de tentations si proche...

De fait, mon père va tester à cette occasion ma capacité à lui mentir.

Un soir, je rentre du lycée, le sourire aux lèvres quand, présent pour une fois, il me demande calmement :

— Alors, c'était bien la fête foraine ?

— Heu... non pourquoi ?

— Parce que je suis passé en voiture cet après-midi et que je t'ai vue dans les autos tamponneuses...

Là, je me mets à rougir, mon estomac se serre au point de me donner une crampe douloureuse et j'admets, honteuse, y être allée durant une heure de permanence. Comme j'avoue, il n'ajoute rien.

J'apprendrai seulement plus tard qu'il n'est jamais passé au lycée mais qu'il me testait. Or, à ce jeu, je suis beaucoup moins forte que mon frère. Lui aurait tout nié quoi qu'il arrive, même si papa avait dû le sortir en personne du manège !

16

Mes camarades de classe avaient coutume de se retrouver au café-tabac situé de l'autre côté du parc pour y acheter leurs premières cigarettes et boire un indien. L'indien – de l'Orangina-grenadine –, je m'y fais assez rapidement mais je reste réticente aux cigarettes. Non pour des raisons de santé, mais parce que je ne sais pas comment faire et ne veux pas me ridiculiser devant eux. Seule solution : m'entraîner à la maison.

Comme mon père fume des gitanes sans filtres, avec ses mégots j'entreprends des répétitions. Je choisis des bouts qui n'ont pas été fumés totalement, saisis l'un des briquets qui traînent un peu partout dans la maison et m'enferme dans les toilettes de l'entrée principale parce qu'elles possèdent une fenêtre très utile pour aérer et évacuer les fumées suspectes.

Je découvre dès lors l'un de mes traits de caractère : toujours aller au bout des choses. Je m'étrangle, suis sur le point de faire un malaise et de vomir, mais quoi qu'il m'en coûte, je veux assurer auprès des copains lorsque je tiendrai fièrement la « chose » qui me transformera en ado comme les autres... Fidèle à mon credo « je ne veux pas me faire remarquer », je continue donc dans ma logique idiote qui m'arrange.

*

Je ne persiste cependant pas longtemps dans la volonté de paraître plus vieille pour imiter mes camarades puisque nous sommes déjà en fin d'année scolaire et que mes notes, pas vraiment prometteuses pour ma cinquième, incitent mes parents à m'inscrire dans un internat sport-études l'année suivante !

17

Ah il paraît beau le château dans lequel je vais rester dormir toute la semaine ! La brochure est digne des plus grands tour-operators. Cours le matin et activités sportives l'après-midi. Mieux, je vais côtoyer des enfants issus de riches familles, idée qui séduit beaucoup plus mes parents que moi.

L'internat en question se situe à Bonnelles, à côté de Bullion où nous avions eu une maison de campagne quelque temps.

L'endroit s'avérant magnifique, là, c'est sûr, je vais bien travailler. Enfin c'est ce que croient mes géniteurs. Ils n'ont pas tort, à une petite variante près : je vais ramener d'excellentes notes, mais pas dans les matières auxquelles ils pensent.

*

Je continue ma descente en maths (si si, c'est possible !) et me maintiens tout juste dans les autres disciplines. La surprise vient de la gymnastique au sol et des agrès, au grand désespoir des parents qui auraient préféré l'équitation ou le tennis. Oui mais le tennis, c'est trop fatigant et les chevaux ne veulent pas de moi ! J'ai eu beau me rendre au centre équestre situé à deux cents mètres à pied du château, enfiler la tenue complète, jamais cela n'a suffi à faire croire à ma monture que je maîtrisais le sujet ! Ok les chevaux sentent quand on a peur, mais était-ce une raison pour m'envoyer par terre trois fois de suite en une demi-heure ? Méchant cheval va ! Je décide d'abandonner ce sport sans le moindre regret.

Je me surpasse en revanche en gymnastique au sol, en danse et aux barres asymétriques. Le saut de cheval – décidément – ne gardera pas un souvenir impérissable de mes prestations. Quant à la poutre, cet agrès m'apparaît totalement vicieux. Le reste, néanmoins, me plaît.

Des compétitions étant organisées, mon meilleur niveau me voit classée sixième aux barres lors des très attendus championnats départementaux de fin d'année. Comme mes concours de piano m'ont enseigné la compétition et que plus on apprend jeune, plus elle devient naturelle, c'est sans trop d'appréhension que je participe à ces manifestations de gymnastique. La seule chose qui m'exaspère, c'est l'ambiance entre les filles. La jalousie, les coups bas et les tentatives d'intimidation se multiplient. Heureusement, elles ne m'atteignent pas trop et je privilégie la notion de plaisir et de compétition avec moi-même.

Je l'ignore évidemment encore, mais cette expérience m'aidera tout au long de mon parcours professionnel. Ne jamais perdre de vue la motivation première, se fixer un objectif réalisable en connaissant ses possibilités pour tenter, ensuite, de se surpasser, voilà ce que j'en ai retiré. Une vision des choses que j'ai toujours aujourd'hui.

18

Dans ce magnifique endroit, l'année scolaire se déroule sans problème pour moi. Je retrouve même le « Thierry » de Bullion, celui qui travaillait à son bureau, fenêtre ouverte. Il n'est pas interne puisqu'il habite à deux pas mais nous échangerons enfin le bisou dont je rêvais. Et cela sous le grand escalier menant au parc derrière le château, l'endroit où tout le monde fume en cachette. Il n'y aura cependant pas de suite, pour cause de : « Il n'est pas si terrible que ça finalement ! » Et puis, je n'ai guère la tête aux sentiments. Et pour cause, ça swingue toujours autant du côté de mes parents. Maman est sur les nerfs et papa d'une constante mauvaise humeur, capable d'exploser à tout moment. À trop être ensemble, boulot et vie, ils ne décrochent jamais. J'en suis triste.

*

Lorsqu'une fin de semaine je rentre chez moi, je découvre une atmosphère particulièrement tendue à la maison. Angélina est partie travailler à l'auberge des Bréviaires comme tous les week-ends ; Roger et sa tante se sont absentés pour aller dans leur famille mais les parents, eux, sont là.

— Fafa, tu as rangé ta chambre ? me demande à brûle-pourpoint ma mère.

— Non, mais je vais le faire…

— Tout de suite s'il te plaît ! assène-t-elle sur un ton qui laisse penser que c'est encore la fête entre elle et mon père.

— Oui oui, pffff…, dis-je avec la moue boudeuse de l'ado agaçante.

Quelques minutes plus tard, maman ayant compris que je ne mettrais pas son ordre à exécution avant plusieurs heures, déboule dans ma chambre et s'enflamme. Le drame ! Elle choisit de montrer sa colère devant ma désobéissance en s'attaquant à un objet que j'adore plus que tout.

Après avoir fait le tour de mes quinze mètres carrés pas très rangés, elle ouvre la fenêtre, attrape le dernier étage de ma magnifique maison de poupée et le balance dehors ! Comme je suis au premier, le choc contre le gravier se révèle fatal à cette merveille que j'aime tant, l'un des nombreux cadeaux rapportés par mes parents après un voyage.

La maison de poupée était un vrai bijou, d'un mètre de hauteur, s'étendant sur quatre niveaux empilables ou pas. Le must ? Les plafonniers, lampes de tables et de chevets ainsi que les mini-prises de courant fonctionnaient à l'électricité ! C'était si féerique que, dès la nuit tombée, j'adorais en éclairer toutes les pièces.

Sauf qu'après le lancement du dernier étage suivent à travers la fenêtre le troisième, le deuxième, le premier étage et enfin le rez-de-chaussée, sans oublier la piscine et la voiture familiale qui allaient avec. Le rêve avait été brisé sans retenue. Je parvins à récupérer quelques vestiges de ce qui était mon jouet préféré, mais les lumières ne brillèrent plus. La disproportion entre un acte aussi démesuré pour une faute si banale, une simple chambre mal rangée, me perturba complètement.

*

Un autre jour, au printemps cette fois, mon frère se prépare à partir pour l'école du village. N'ayant plus de vêtement propre adapté à la saison, il décide de mettre le costume en flanelle spécialement acheté pour sa communion qui a eu lieu quelques mois auparavant, en prenant toutefois soin au préalable de découper le pantalon afin d'en faire un short et de tailler les manches de la veste pour avoir moins chaud…

Bon, évidemment, il y avait mieux à faire, mais la sanction de ma mère fut étonnante. Horripilée, à cran, elle surréagit. Puisqu'il n'a pas « respecté » la valeur de son costume, elle peaufine son œuvre en déchirant et coupant en lanière façon franges le restant de tissu. Afin de parfaire le déguisement, elle se sent obligée d'ajouter un panneau que mon frère doit porter dans le dos durant toute la journée où est marqué : « Je suis vilain ! » Elle pousse même le vice – j'appelle cela ainsi – en demandant à l'instituteur de veiller à ce que l'accoutrement soit visible de tous !

Ce qu'elle ignore, c'est qu'Emmanuel – malin – atténue la douloureuse punition en portant sur la tenue un blouson caché dans son cartable, blouson que son maître – compréhensif – décide d'ignorer.

*

Pour avoir récemment évoqué cet épisode avec Emmanuel et alors que nous sommes nous-mêmes maintenant parents, nous en avons conclu que nous ne comprenions toujours pas ce qui pouvait conduire à humilier ainsi son enfant, qui plus est pour une bêtise faite en famille, d'ordre privé donc.

Mon frère est difficile certes, il ne travaille pas bien en classe bien sûr, il est alors violent avec ses camarades comme parfois avec les animaux de la maison, il reste incapable de rester plus d'une heure sans faire parler de lui, mais tout cela mérite-t-il une punition aussi exagérée, dure ? Selon nous, pas une seconde. Et encore moins si l'on analyse que ces comportements « actifs » relevaient évidemment de l'appel de détresse, signifiaient un besoin d'amour, réclamaient de l'écoute. Mais nos parents, perdus dans leurs querelles, stressés par leur travail et leurs obligations, n'avaient pas le temps de le comprendre.

*

Avec mon père, les sanctions sont moins vicieuses et beaucoup plus claires : une bêtise = une fessée. Avec ou sans ceinture. La méthode ne marche pas mieux et démontre plutôt à quel point la violence, sous quelque forme qu'elle apparaisse, n'aide en rien à tirer le meilleur de quelqu'un ou à lui donner une leçon.

Autres générations, autres méthodes éducatives.

*

Par ailleurs, comment donner des leçons de bonne conduite et de respect des autres quand soi-même on n'arrive pas à les appliquer ? Les adolescents que nous étions pouvaient-ils se tenir à carreau et ne pas traduire à leur manière de sourdes angoisses quand leurs parents ne cessaient, eux, soi-disant des adultes, de se parler sans retenue ni politesse ?

Le pire, c'est quand mon frère me réveille en pleine nuit. Cela signifie forcément que quelque chose de grave est en train de se passer.

Sa chambre se trouve au bout du couloir qui mène à la loggia, qui elle conduit à l'aile des parents. Manu a besoin de laisser sa porte entrouverte alors que j'ai tendance à m'enfermer à clé. Aussi lorsque j'entends frapper en pleine nuit, je sais que papa et maman s'engueulent et ont réveillé Manu. Je lui ouvre bien entendu. Là commence l'opération « les murs ont des oreilles » afin de savoir si nous devons intervenir ou retourner nous coucher. Or nous n'osons aller jusque chez eux que très rarement. Le lendemain, les excuses avancées sont maladroites. Si bien qu'en mon for intérieur, je suis écœurée : en plus de nous prendre pour des idiots, ils nous mentent et ne s'excusent pas une seconde. Mais comment expliquer à ses propres parents que leurs dissensions, on en a honte ? Penser que les enfants ne voient ni ne comprennent rien est plus triste encore !

*

De tout cela, je parle peu. Même avec ma copine Florence. N'ayant pas l'impression d'appartenir à une famille « normale », je n'ai aucune envie de passer pour une illuminée. Comme le show-business a déjà une sale image auprès des gens qui n'en font pas partie, je ne vais pas, en plus, jeter de l'huile sur le feu et me faire mettre plus encore en marge.

19

Une éclaircie dans un ciel d'orages : lors d'un week-end où la crème du show-biz continue de défiler chez nous, je fais une belle rencontre. Celle de Virginie.

Jean-Claude Petit, compositeur-arrangeur de son état, est invité par mes parents. Sympa, Jean-Claude travaille sur les albums de ma mère et joue très bien au tennis. Papa et maman me préviennent qu'il vient accompagné de sa fille, de deux ans mon aînée, et qu'elle pourrait faire une bonne copine. Mouais, on verra parce que les enfants de star, je n'aime pas trop.

Je fais donc la connaissance de Virginie, qui n'a pas l'air beaucoup plus convaincue que moi du bien-fondé de la rencontre. Mais, une fois les a priori écartés, nous nous entendons comme deux frangines et le week-end se déroule à merveille. Nous fumons en cachette à la fenêtre de ma chambre en vaporisant un peu de « Anaïs Anaïs » pour cacher chaque bouffée, elle me raconte sa vie d'enfant d'artiste aux parents divorcés, situation qui me rassure puisque je me retrouve un peu en elle. Résultat, nous n'allons plus nous quitter pendant plusieurs années, Virginie devenant logiquement ma meilleure amie, ma première vraie meilleure amie. Elle me comprend, me ressent, nous sommes du même milieu et parlons le même langage. Une bouffée de bonheur.

*

Nous allons même partir en vacances au ski ensemble à Isola 2000 durant les vacances de Pâques, sur les conseils de Jean-Claude qui connaît bien la station. Ce séjour sera le point de départ de nombreux bouleversements dans la vie de ma famille puisque c'est là que ma mère craque pour un grand blond, mince, bouclé, moustachu aux yeux verts répondant au prénom de Laurent... mais ça, je le saurai plus tard.

En attendant, Vir et moi passons une super semaine. Et comme nous avons à peu près le même niveau de ski, le binôme fonctionne parfaitement sur les pistes. Ainsi que dans la salle de jeu et, enfin, à *La Tanière, the* boîte d'Isola, tenue par une famille célèbre dans la station, les frères Bastanti – à eux cinq, ils possèdent la moitié des commerces d'Isola – où je fais mes premiers pas de discothèqueuse. Vir et moi réussissons à y entrer sans problème. Primo parce que les parents, connus, ne sont jamais bien loin. Secundo parce que nous faisons plus que notre âge. J'exhibe mon mètre soixante-quatorze bien développé et ne lésine pas sur le maquillage.

Comme spot fétiche, nous avons aussi Alain et Basket à *La Raclette*, restaurant préféré et point de rendez-vous idéal pour réunir tout le monde à l'heure des repas. Bref, j'adore Isola 2000, un endroit qui deviendra mon quartier général au fil des années.

*

Vu l'ambiance de plus en plus délétère entre mes parents – et pour cause ! –, je me débrouille pour passer de plus en plus de week-ends chez Virginie à Suresnes. Son père étant souvent absent, c'est au milieu de sa bande d'amis que je goûte de bons moments. Elle a la chance de conserver des amis elle, de ne pas avoir déménagé cinquante fois et, surtout, de ne pas demeurer dans un village perdu au milieu de nulle part ! Je me sens quand même un peu idiote, pas très à l'aise, au milieu de cette jolie bande qui se connaît par cœur. Étant la plus jeune, débarquant de ma campagne, dotée d'une timidité qui ne m'aide guère, je les observe tous et écoute avec avidité ce qu'ils peuvent raconter. J'apprends à déguster les joies de l'adolescence.

C'est sans savoir que le destin va me contraindre à devenir adulte un peu plus vite que prévu.

Deuxième partie

ADULTE MALGRÉ MOI

20

Année scolaire terminée. Stop. Passage en quatrième obtenu de justesse grâce à un dix-huit de moyenne en sport. Stop. Hélas je ne retournerai pas dans ce bel endroit à la rentrée. Fini. Mes parents en ont décidé autrement, toujours doués pour renouveler les surprises jalonnant ma scolarité. Stop, snif.

En attendant de connaître le prochain internat, je me retrouve en vacances chez mes grands-parents comme tous les ans mais à une grosse différence près : Virginie est venue avec moi ! Nos parents respectifs se sont mis d'accord et voilà qui arrange tout le monde !

*

Le programme de ce séjour est très compliqué. Le matin, nous avons le choix entre l'atelier bronzage au bord de la piscine ou la séance ski nautique avec papy et son super bateau du moment si le temps le permet. Nous déjeunons – vite fait – avec mes grands-parents, ne répondons pas aux vannes mesquines de ma grand-mère et traçons en direction de la plage où de petits copains potentiels patientent. Là, un autre emploi du temps chargé en activités sportives nous attend, composé de pédalo, beach-volley, matelas et buvette. Nous rentrons en fin d'après-midi afin de soigner nos coups de soleil et de nous préparer à une folle soirée avec les copains, soit sur la plage, soit dans un bar musical et, plus rarement, en discothèque. L'adolescence quoi !

*

Mais parfois, l'adolescence s'interrompt et bien plus tôt que prévu !

Vir et moi sommes à *La Playa*, une célèbre boîte de Saint-Raphaël avec des potes du moment. Des adultes, puisqu'il faut réussir à entrer. De mon côté, c'est la première fois que je me retrouve dans une discothèque autre que celle d'Isola. Ici tout est immense, la foule compacte et je peine à me dégager de la place pour danser. Car il convient de le préciser, je fais partie de ces gens bizarres, fous, étranges qui vont en boîte pour danser et pas autre chose. N'étant en rien dragueuse de nature puisque très timide, je n'y viens pas non plus pour discuter, cet exercice s'avérant ultra compliqué pour mes cordes vocales et mes oreilles. Ce soir-là, nous sommes une petite dizaine autour d'une table basse quand les « grands » commandent une bouteille de gin. Me voici donc dans ma première « vraie » boîte de nuit avec un verre de gin-fizz à la main. Cela me paraît un peu amer, je ne suis pas très fan d'alcool a priori mais, à treize ans, sans doute est-ce normal.

La soirée se déroule plutôt bien, je m'éclate sur la piste. Jusqu'au moment où je me mets à avoir très chaud, mal au cœur et besoin d'air.

Fabrice, l'un des « adultes », constatant que je ne suis pas dans mon assiette, me prend par le bras et me propose de sortir. La tête me tourne, je me sens mal, j'accepte. Quelques minutes plus tard, me voici à ses côtés dans une voiture, à rouler vers je ne sais où, la vitre grande ouverte. Un air marin qui ne m'empêche pas de... m'évanouir.

*

C'est en tout cas ce que j'en déduis au réveil lorsque je prends conscience d'être nue sur le siège passager en position allongée. Avec Fabrice, le pantalon baissé, s'escrimant à grands coups réguliers de bassin à l'intérieur de moi. Éberluée, comme anesthésiée, je ne sens rien et ne possède aucune énergie ni force physique pour réagir. Je me sens toujours mal, tout tourne autour de moi. J'ignore depuis combien de temps je suis dans cette position, avec lui sur moi, combien de temps va aussi durer l'affreuse impression d'alterner évanouissements et réveils.

Lors d'un de ces « réveils », j'entends Fabrice me dire :

— Bon, c'est pas terrible hein ?

« Mais si c'est terrible ! Je sais que c'est terrible ! Mais pas dans le sens que tu crois, connard... », ai-je envie de hurler sans y parvenir.

Alors, comme si de rien n'était, il reprend sa place de conducteur tout en remontant son pantalon pendant que j'essaye de me rhabiller. Pas un mot n'est échangé ensuite. Personnellement, je ressens à la fois une grande honte, un terrible mal au cœur, des douleurs au ventre. Sans compter les questions qui fusent dans ma tête.

Mais qu'est ce que j'ai fait ? Est-ce moi qui lui ai proposé ? Ai-je laissé entendre que j'étais d'accord ? Ou c'est lui qui a abusé ? Est-ce toujours comme ça, la première fois, aussi pitoyable et décevant ?

Fabrice, lui, roule sans dire un mot vers la boîte de nuit.

Je sais qu'il est arrivé quelque chose de grave. J'ai l'impression d'avoir commis une grosse bêtise et que la punition qui m'attend risque d'être terrible si je le confesse à quelqu'un. Le problème, c'est que je ne suis en rien dans mon état normal. Ça doit être l'alcool ! Je vais donc avoir du mal à retourner en boîte sans que tout cela se voit. Comment faire ? Qu'est-ce qu'on va me dire si j'en parle ? Et puis quoi dire surtout ? « Bonsoir, j'ai treize ans, je suis bourrée et je viens d'avoir ma première expérience sexuelle dans une voiture ! et vous, ça va ? »

Non, évidemment que je ne vais pas moufter. Ça servirait à quoi d'ailleurs ? Je vais juste affirmer que j'ai trop bu, même si je n'ai pas fini le seul verre de la soirée, alcool que je n'ai visiblement pas supporté.

*

Le chemin du retour me paraît interminable. Et en même temps trop court pour permettre que mes idées se remettent en place. Je baigne dans un état vaseux évident alors que mon mental ne comprend quasiment rien à la situation. Et puis, j'ai peur. Peur de ce que je viens de faire. Peur de ce qui est arrivé. Peur de la suite. Je n'ai ni l'âge ni les sentiments ni la maturité pour analyser et vivre correctement ce qu'il vient de se passer.

Enfin le parking de la boîte. Fabrice ne prononce toujours aucune parole. Comme si je n'étais pas là, moi la passagère morte de trouille à son côté. Il se gare, éteint le moteur et sort de la voiture en claquant la porte assez fortement. Je m'étonne de le voir se diriger vers l'entrée sans fermer le véhicule à clef ni m'attendre. Cela ne doit pas être réel, je vais me réveiller c'est sûr.

Je suis toujours figée dans le véhicule, totalement perdue, ne sachant pas quoi faire, des larmes perlant à mes yeux. Quand je me décide enfin à sortir quelques instants plus tard, je vérifie dans le reflet de la vitre que mon apparence est restée intacte. Ou presque. De toute façon, à l'intérieur il fait noir et ça m'arrange.

Me frayant péniblement un passage dans la foule, je réussis tant bien que mal à rejoindre la bande. Fabrice est en pleine discussion avec l'un de ses copains et fait comme si de rien n'était. Mon mal au ventre renaît, plus évident, comme si l'anesthésie dans laquelle je flottais perdait de l'effet. La musique m'agresse, la fumée de cigarette aussi et il me tarde de rentrer. Virginie ne s'est même pas rendu compte de mon absence ; les autres non plus. J'en déduis que l'escapade automobile n'a pas dû durer bien longtemps.

Je demande à Vir de lever le camp. Ma seule mine convainc tout le monde, et sans plus d'explication la bande choisit de quitter la boîte.

*

La maison de vacances se trouve à quinze minutes. Le trajet se déroule dans LA voiture mais je suis installée à l'arrière cette fois et avec cinq personnes à bord. Je m'endors sur l'épaule de Vir.

Dans le studio de mes grands-parents, j'avoue mon escapade à Virginie et lui confie cette « première fois ». Sans rentrer dans les détails sordides. Il est tard, je me sens vraiment mal et vais prendre une douche. Une douche bien chaude qui va durer longtemps. Une douche qui va m'en dire plus sur l'ampleur des dégâts de la soirée. Car je saigne un peu et l'eau chaude révèle une intense brûlure. Je découvre que je suis comme « entaillée » sur un demi-centimètre ! Cette fois, je panique. Il faut aller à l'hôpital, me faire soigner. Mais si je fais ça, mes parents seront au courant et je devrai donner des explications, révéler des détails qui m'ont totalement échappé ou m'insupportent. Mon père voudra tuer Fabrice, ma mère me privera de sortie jusqu'à ma majorité, je ne pourrai plus partir en vacances avec ma copine et mes parents s'engueuleront encore plus. Alors je me rassure et ressaisis : du calme. Ok, on verra demain. Je mets une protection hygiénique et vais me coucher.

*

Au réveil, un peu mieux, j'ai néanmoins l'impression d'avoir fait un cauchemar. Je me dis que quand j'aurai mes règles, la douleur relèvera du mauvais souvenir. « L'entaille » ne saignant plus, je vais faire en sorte qu'elle cicatrise au plus vite. Reste que je me sens un peu dans la peau d'un cambrioleur tentant d'effacer ses empreintes, une sensation détestable.

Nos vacances reprennent un rythme presque normal sans que quiconque devine ce qui est arrivé. Seul indice qui aurait pu alerter les uns et les autres : je ne me baigne pas durant plusieurs jours, le chlore de la piscine ou l'eau salée ne facilitant pas la cicatrisation. Le seul changement susceptible d'être perceptible, notamment par Virginie, c'est mon soudain désintérêt pour la gente masculine. Le vaccin que l'on vient de m'inoculer doit y être pour quelque chose.

21

Je viens de me faire abuser, à treize ans, mais d'autres maux me rattrapent. Ou plutôt les mots que mes parents échangent désormais sans arrêt. Car nous avons droit à leur visite lorsque les dates de leur tournée les conduisent dans le Var. Les termes « séparation » et « divorce » sont en effet souvent prononcés. Et moi, je n'espère qu'une chose : qu'ils passent enfin à l'acte ! Je n'en peux en effet plus de sentir la tension qui règne entre eux, de les voir constamment de mauvaise humeur, de les entendre se parler comme des charretiers, de les sentir systématiquement préoccupés par des sujets forcément plus graves et importants que ce que nous avons à leur raconter. La fin des congés n'arrange rien.

L'escalade devient inévitable.

*

Alors que je suis en train de dormir presque tranquillement dans ma chambre des Bréviaires, j'entends tambouriner à ma porte fermée à clef. Comme on est en pleine nuit, je me lève au radar pour aller ouvrir en grognant contre mon frère.

C'est lui, bien sûr, avec un regard différent de d'habitude. Il n'affiche pas le regard malicieux du petit génie qui vient d'avoir une super idée pour faire avancer encore plus vite les voitures de course de son super circuit électrique, ni celui coquin du rusé qui va m'en faire voir. Non, cette fois, je le devine affolé. Sans attendre, il m'amène au bout du couloir donnant sur la loggia. Où une dispute de plus, qui sera celle de trop, a lieu. Où mes parents repoussent les limites du respect qu'ils devraient avoir envers eux mais surtout envers nous. Où ils atteignent un point de non-retour montrant bien que, cette fois, c'est vraiment la fin. Car, ce soir-là, la détresse d'Emmanuel me bouleverse, la violence de leur dispute me terrifie et la peur que je ressens me paralyse et fait trembler comme une feuille.

Et puis les choses se calment au bout d'une bonne heure. Ou du moins semble-t-il. Maman ne dit pas un mot et se dirige vers sa chambre. Pour se coucher, me dis-je. Mon père, lui, allume cigarette sur cigarette en faisant des allers-retours entre la cuisine, la salle à manger et l'entrée de la maison. Nous ayant vus, il nous ordonne d'aller nous coucher.

Je ne sais si finalement mon père a rejoint sa chambre ou celle, vide, prévue pour les amis, toujours est-il qu'il n'y eut plus de bruit dans la maison. J'ignore aussi si mon frère est parvenu à dormir de son côté, mais moi, la peur que j'ai ressentie en assistant à cette scène demeure en moi. Ce jour-là, elle me tint éveillée dans mon lit, à guetter le moindre bruit ; et aujourd'hui elle me hante encore.

*

Le lendemain, nous avons le sentiment qu'un raz-de-marée a bouleversé la maison. Tout est sens dessus dessous. L'inquiétude reste omniprésente, même si Angélina tente de faire comme si de rien n'était en préparant le petit déjeuner. Pas un mot n'est échangé entre Emmanuel et moi. Chacun se demande juste ce qu'il se passe dans la chambre de nos parents. Comme ils se réveillent souvent plus tard que nous, il faudra attendre pour découvrir l'humeur du jour et avoir peut-être droit à quelques bribes d'explications.

La rentrée scolaire n'ayant pas encore eu lieu, nous vaquons à nos occupations de chambrée. Jusqu'à ce que, plus tard dans la matinée, Angélina constate que le Range-Rover récemment acquis par ma mère n'est plus garé devant la maison. Lorsque mon père fait son apparition, seul, dans la cuisine, nous comprenons alors que maman est partie.

S'ensuit une multitude de coups de téléphone donnés par papa et une panique générale s'installe. Les nouvelles sont mauvaises : non seulement elle est partie, mais elle ne reviendra pas !

Ce que je ressens est alors paradoxal. Je suis partagée entre le soulagement de ne plus voir s'entre-déchirer mes parents et la peur de ce qui va maintenant arriver.

22

Atmosphère de crise aux Bréviaires. Papa passe son temps au téléphone avec je ne sais qui, conversation qui le plonge dans des abîmes de colère puis de pleurs.

De mon côté, je n'essaye pas d'écouter ces conversations ni d'en apprendre plus sur ce qu'il se passe. Le principal, à mes yeux, est que mes parents ne soient plus ensemble, cessent de se heurter, s'invectiver.

Avec Manu, nous n'évoquons pas ce sujet. Qu'aurait-on à dire, d'ailleurs, puisqu'on ne nous implique seulement que via des crises bruyantes ? Seul truc bizarre quand même c'est que maman ne nous appelle pas. Pire, le seul fait d'évoquer son nom provoque chez papa des poussées de fureur. Nous n'insistons pas : il s'agit d'histoires de grandes personnes.

*

Et puis, il faut préparer ma super rentrée en quatrième chez les bonnes sœurs du collège Sainte-Marie… à Chartres ! Je ne sais pas où ils ont déniché cet endroit du diable, mais mes géniteurs se sont surpassés !

À la différence de Manu, je n'ai jamais jusque-là fait parler de moi, timidité et discrétion obligent. Mais comme mes parents pataugent en plein délire et que je trouve injuste de me retrouver dans un établissement aussi glauque et sordide, à cause de leurs différends, la sobre Fafa se met en mode « ado-rebelle ».

*

Car je pousse la grille d'un collège à la tristesse sans nom. Avec cour de récréation donnant sur la route principale qui sépare les classes de l'internat, avec l'uniforme de rigueur moche à gémir, genre blouse blanche aux nom et prénom obligatoirement cousus ou brodés. Si, dans la journée, les cours sont mixtes, l'internat se voit exclusivement réservé aux filles. Déprimant !

Même si je suis un peu « guérie » des garçons suite à l'épisode estival, la perspective d'être uniquement entourée, que dis-je encerclée, de représentantes de la gente féminine passé dix-sept heures ne me dit rien qui vaille, n'étant pas du genre à papoter mode ou coupe de cheveux et encore moins à glousser bêtement pour un rien. Seule menue chance, je ne dors pas en dortoir mais partage une chambre avec deux autres camarades. Nous disposons chacune d'un lit et possédons un lavabo qui disparaît dans un placard sitôt ses grandes portes refermées. Une grande fenêtre permet aussi de fumer en cachette et ça, au moins, c'est bien !

Je m'entends correctement avec mes « colocatrices », Pascale et Régine, très jolies toutes les deux, qui ne se quittent jamais. Pascale est grande comme moi, mais beaucoup plus mince. Il faut dire que, depuis quelque temps, j'ai une sacrée tendance à m'arrondir. Je me goinfre de sucreries en tous genres, sautant allégrement des bonbons au Nutella en passant par des morceaux de pain volés à la cantine sans la moindre mauvaise conscience. En vérité, je me trouve moche et le fait d'être ronde représente selon moi une fatalité que j'accepte assez bien. Et puis, n'ai-je pas d'autres soucis ?

Pascale est donc très jolie. Brune, les cheveux dégradés longs, elle possède des yeux en amande magnifiquement dessinés et maquillés. Moi, je ne me maquille plus depuis l'été, me disant qu'étant laide, cela ne sert de toute façon à rien. Elle possède également une voix grave et un peu éraillée que j'adore, n'appréciant pas les timbres aigus et métalliques qui cassent les oreilles. Régine est en revanche toute petite, mince aussi, brune aussi mais avec des cheveux courts qui lui donnent un look de garçon manqué. Elles sont vives d'esprit, mes deux copines de chambrée ; ce qui m'aide à tenir le coup dans cet internat déprimant à souhait.

*

Les cours sont aussi interminables que mes jours dans cet établissement morose. Je ne m'intéresse à rien de ce qui peut être dit par mes profs, préférant rêvasser dans mon coin. J'ai en outre droit à trois matières supplémentaires : le latin, l'espagnol et le catéchisme... Beurk ! Beurk et rebeurk.

De toute manière, puisque j'ai décidé de faire comprendre à ma famille que je suis malheureuse, je bâcle tout. Les devoirs, je ne les fais pas ; les leçons je n'en apprends aucune tandis que les coups de blues se multiplient. Dans une seule journée, je peux m'effondrer souvent dans des crises de profond désespoir, aussi seule et loin de tout.

*

Le mercredi après-midi en revanche m'amuse : il est réservé aux séances de catéchisme !

Mécréante s'il en est, l'histoire de ce « mec » censé avoir tout créé qui un jour décide, soi-disant, de nous faire vivre tel ou tel événement, me sort par les yeux. Et la pauvre sœur Raymonde chargée de nous enseigner la foi en dieu, l'histoire de Jésus et de sa tribu a fort à faire avec moi. Je rigole à tout ce qu'elle raconte et me fais un « malin » plaisir à lui poser des questions stupides destinées à faire rire mes camarades. Ne croyant pas un seul instant à ce que j'entends, je tourne tout en dérision. Même ma communion solennelle je la passe dans le fou rire ! Vade retro, Raphaellas.

23

Grand jour pour mes camarades croyants. Dimanche comme les autres – enfin presque – pour moi. Leurs familles sont venues à cette cérémonie qui se déroule dans une annexe de la cathédrale de Chartres. Les miens, de parents, sont trop occupés à s'arracher les cheveux et à compter le nombre de petites cuillères du partage équitable, pour assister à ce divin moment. Soit. La voie est donc ouverte pour mon premier « show » !

*

La veille, nous avons préparé nos habits de lumière – des aubes – qui relèvent surtout du déguisement à mes yeux. Je dois avoir un sérieux problème avec les uniformes en fait ! Or il est obligatoire de passer cette aube pour communier. Et, je m'y plie. Mais comme rien n'est précisé concernant les vêtements du dessous, je fais un pari avec mes camarades : Ayant eu, peu de temps auparavant, des santiags blanches en cadeau de la part de mes parents, je vais les mettre sous l'aube. Sans oublier le jean sur lequel mes états d'âmes sont notifiés presque quotidiennement au marqueur, la mode du moment étant d'écrire sur ses pantalons afin d'avoir un côté « voyou » que j'adore.

Comme si ma rébellion vestimentaire ne suffisait pas, j'annonce aussi que je vais me faire entendre, à ma façon, lors de la cérémonie du lendemain.

— Ouvrez grand vos oreilles, dis-je : dès que j'aurai bu le « sang » du christ et « mangé » son corps, ça va swinguer !

Mes copines ne comprennent pas de quoi il retourne mais sont déjà mortes de rire à l'idée de me voir en communiante sage mais chaussée de santiags. Ma famille joue les absentes, je me sens tranquille et particulièrement joyeuse à l'idée du tour en gestation.

*

Le jour dit, les préparatifs effectués, nous nous dirigeons vers la cathédrale et sa chapelle annexe, mon aube, mes santiags et mon jean dans mon sac à dos. Nous nous changeons dans une petite salle. Et comme chacune de mes camarades, sœur Raymonde et mère Davy sont trop préoccupées par l'arrivée des familles et le déroulement de la cérémonie, elles ne prêtent pas attention à l'accoutrement que je suis en train d'enfiler.

Les festivités commencent. C'est désormais à mon tour d'entrer en scène.

Je sors de la « loge » et me positionne au niveau de la grande porte donnant sur l'allée principale de la chapelle. Si j'ai l'impression que je vais me marier, je sais surtout que je vais me marrer (oui, c'est un peu pourri comme jeu de mots !). Nous avançons les unes après les autres vers l'autel et le curé. Je suis morte de rire, et quelques-unes de mes camarades également. Nous nous positionnons en ligne, comme répété la veille. J'entends alors naître quelques ricanements discrets, émanant de mes camarades comme de leurs familles. Sœur Raymonde et mère Davy, elles, se liquéfient en regardant mes pieds et découvrant les bottes sacrilèges. Mais il est trop tard : le « mal » est fait.

Je reste de mon côté concentrée, faisant mine d'écouter religieusement le sermon du curé, récitant presque par cœur les « Notre Père » et « Je vous salue Marie » de rigueur.

*

La communion touche à sa fin et le bouquet final approche. Après avoir avalé des réserves d'air sous forme d'ingurgitations forcées et saccadées, « mangé » le corps du Christ et bu son « sang », une régurgitation abstraite mais très sonore sortie tout droit du plus profond de mon estomac se fait largement entendre, tentant de s'harmoniser avec l'orgue fêtant notre nouveau titre religieux ! J'éclate de rire, telle une adolescente de base ; certaines de mes camarades aussi tandis que d'autres, outrées, me fusillent du regard.

Mon pari réussi, me voilà aussi fière que si j'avais décroché un diplôme. On a chacun ses challenges !

*

Quelques jours plus tard, mes parents reçoivent un courrier de la direction du collège les informant de mon attitude déplorable et de leur décision de se séparer de ma personne pour cause de « problèmes comportementaux ». Ah bon ? Quel dommage ! Mais pourquoi personne ne perçoit-il que cette façon incongrue, iconoclaste même, d'attirer l'attention sur moi, d'exister à ma manière, constitue un appel au secours ? Un mystère. Et pas religieux celui-là !

24

L'année scolaire n'est pas encore achevée que je sais déjà mon redoublement de quatrième assuré. Le vendredi suivant, arrivée à la gare de Chartres pour, comme d'habitude, rentrer aux Bréviaires, une peur subite me gagne : je refuse de rentrer à la maison. Aussi, je ne prends pas le train habituel qui m'amène au Perray-en-Yvelines, où Angelina m'attend, redoutant d'avance de me faire engueuler par mon père, et lasse aussi – et surtout – de la campagne, des bottes en caoutchouc, d'entendre la ritournelle larmoyante sur le départ surprise de ma mère, d'encaisser les « gentillesses » à l'égard de son nouveau « mec ». Pour moi, comme elle tente de refaire sa vie, que cela la rend plus calme et sereine me suffit. Je décide donc, sur un coup de tête, d'acheter un billet pour Paris, où maman vit désormais.

Je suis déjà allée dans ce nouvel appartement rue du Parc-Royal dans le IIIᵉ arrondissement, un mercredi précédent, mais sans le dire à mon père. Et je trouve Paris chouette. Y'a du monde et ça bouge. J'aime bien le logement aussi. Il est tout petit, genre deux pièces avec terrasse et jardin en rez-de-chaussée, mais j'adore la déco, la multitude de gadgets super modernes qui changent des vieilleries !

*

Je me retrouve donc, un vendredi en fin d'après-midi, devant sa porte. Je frappe :

— Bah qu'est-ce que tu fais là ? s'étonne-t-elle en me voyant.

— Je ne rentre pas aux Bréviaires, je veux rester avec toi...

— Quoi ? Ah bon ! Mais qu'est-ce qui se passe ?

— Je ne veux plus aller à Chartres. De toute façon, ils ne veulent plus de moi au collège. Et ça craint à la maison. Je peux rester ?

— Évidemment mais comment on va faire ? Ton père est au courant ?

— Non... Faut que tu l'appelles parce que moi... je ne veux pas.

— Ah OK, ça va être simple encore...

— Je suis désolée, mais je refuse d'y retourner.

— Et l'école ?

— Bah, on va en trouver une ici !

— Bien sûr... Et tu vas dormir dans le canapé, c'est ça ?

— Je m'en fous, je ne veux pas y retourner.

— Bon, OK, on va y réfléchir hein ?

— Ouais...

C'est ainsi que j'atterris à Paris et que le collège Sainte-Marie de Chartres ne me reverra plus jamais.

25

Maman s'occupe de m'inscrire dans le collège le plus proche pour la rentrée scolaire suivante et me loue un studio dans le même immeuble qu'elle. Et pour cause : je ne peux pas passer l'année à dormir dans le canapé, j'ai besoin d'un endroit à moi. Et eux d'un lieu à eux. Ça me fait d'ailleurs drôle de voir ma mère avec quelqu'un d'autre que mon père, mais il est sympa Laurent. Je le trouve un peu déjanté aussi. Et même si je suis un peu agacée de découvrir maman lui faire des câlins tout le temps, ça me fait plaisir de la sentir heureuse. Ils ont l'air de bien s'entendre, leur appartement est super chouette et cela me rassure.

*

Je prends donc mes quartiers dans un studio situé au quatrième étage. Je songe in petto qu'ils auraient pu louer un appartement plus grand pour qu'on vive ensemble mais bon, je n'insiste pas. La solitude me sied et je vais pouvoir agir à ma guise. À quatorze ans, cette liberté n'est pas donnée à tout le monde !

*

C'est le grand luxe, ce studio. En ouvrant la porte blindée, je débouche sur un petit couloir dans lequel se trouvent les toilettes sur la droite ainsi que de grands placards sur le mur de gauche.

La pièce principale, assez grande, doit faire une quarantaine de mètres carrés et possède deux fenêtres ouvrant sur les jardins privés de l'immeuble. Je peux d'ailleurs voir la terrasse de l'appartement de ma mère, ce qui lui permettra de vérifier à distance que mes stores électriques fonctionnent !

En entrant dans la pièce principale, on découvre une petite cuisine aménagée à droite, délimitée par un bar à l'américaine. De l'autre côté, une porte donne accès à une magnifique salle de bains où un immense miroir surplombe la baignoire.

Et, pour couronner le tout, l'entrée abrite un interphone vidéo fort pratique pour recevoir mes futur(e)s invité(e)s.

*

C'est bien joli, mais il faut songer à la déco. Je vous rappelle que j'ai quatorze ans et que mes idées ont… le même âge.

Je demande ainsi à mon grand-père de venir laquer la cuisine en fuchsia « métallisé-vernis-pailleté » et de poser des néons de couleur un peu partout : rose, vert, bleu et jaune. Car, tant qu'à faire, je choisis toutes les couleurs disponibles !

Maman meuble l'espace avec un clic-clac qui servira de canapé et de grand lit pour moi seule. Mon premier grand lit ! Je récupère son piano droit blanc en sachant qu'elle espère que je m'y remette (l'espoir fait vivre !), ainsi que deux étagères fixables du sol au plafond via un système de ressorts. Géniales ces étagères, à poser où l'on veut.

Je place mon lit à côté de la salle de bains et la première étagère devant, histoire de créer un petit côté chambrée sympathique. De mon clic-clac, j'ai donc, sur ma gauche, l'une des deux fenêtres, sur ma droite la salle d'eau et, en face de moi, l'étagère-cloison sur laquelle seront posées une petite télé et une chaîne hi-fi.

De l'autre côté, je fais poser le piano à gauche de la seconde fenêtre, l'autre étagère sur la droite comme mon bureau. Indispensable le bureau pour avoir de bonnes notes à l'école ! D'accord, mais c'est un bureau à ma façon. Papy déniche à ma demande une grande planche de contreplaqué ainsi que deux tréteaux. Je peins le tout du même rose que la cuisine parce qu'avoir des goûts d'adolescente ne signifie pas forcément manquer de logique !

Je range tous mes livres sur la seconde étagère. Ceux nécessaires à la scolarité mais aussi les autres, que je préfère, esprit de contrariété oblige. J'adore lire et suis abonnée à France Loisirs mais comme j'oublie régulièrement de commander un ouvrage tous les mois, je reçois la sélection imposée. Ce qui me permet de découvrir *Le Parfum* de Patrick Suskind, *Le Prophète* de Khalil Gibran voire *Le Merveilleux Département méconnu de la Creuse* et *Comment réussir à faire de bons sandwichs aux légumes* !

26

La rentrée dans ma seconde quatrième se déroule assez bien. Le collège n'est pas des plus sympathiques, mais je m'en fiche. Et puis je me fais une super copine de choix. Elle s'appelle Corinne, est un peu cancre, accumule les notes pas brillantes mais s'avère drôle et super jolie !

Un peu plus petite que moi, elle est beaucoup plus mince. Très brune avec des cheveux magnifiquement épais et longs, elle affiche aussi de grands yeux en amande d'un bleu électrique étonnant. Les garçons craquent sur elle bien évidemment, et les filles la détestent bien sûr. Personnellement, je suis fière d'avoir une cop's qui ressemble à un mannequin et me fous des garçons affamés et des adolescentes cancanières. Corinne me fait rire et cela seul m'importe.

Y'a en revanche un truc qui m'énerve sérieusement : elle peut manger tout ce qu'elle veut sans prendre un gramme alors que moi je gonfle à vue d'œil.

*

D'ailleurs maman me gratifie d'un surnom d'une rare élégance : Bouboulina !

« Merci pour ton imagination débordante, chère maman ! me disais-je alors. Mais si j'étais toi, et, vu la taille de ton popotin, je continuerais à composer des musiques parce que moi, au moins, j'ai encore de la marge avant de te faire vraiment concurrence... Et pan, dans les dents ! »

Et puis, ma colère passée, je songe qu'elle a été élevée par mon acariâtre grand-mère et que sa perfidie pleine de maladresse a sans doute des excuses. Reste que l'adolescente mal dans sa peau est touchée au cœur.

27

Une complicité de proximité et de relation fille-mère se faisant jour, maman a, un soir, une super idée...

— Et si on enregistrait un duo ? Ça serait sympa et rigolo de faire quelques télés ensemble ?

— Heu... ah bon ?

Apparemment elle croit oui...

Alors avec une chanson intitulée *Nos p'tits problèmes*, nous rentrons en studio.

Je chante juste et en rythme – ce qui est déjà pas mal – mais je n'aime pas ma voix, à mes oreilles trop douce voire inexistante. Qu'importe, on va jusqu'au bout.

Les deux émissions de télé que nous faisons sont un vrai calvaire. Il suffit de voir les images et mon air radieux pour comprendre à quel point je suis heureuse et épanouie de chanter devant des caméras ! Et puis, comble du bon goût, Bouboulina est boudinée dans un jean moulant... et blanc de surcroît ! N'importe quoi...

28

24 décembre 1982. Je suis venue aux Bréviaires passer Noël avec mon frère, mon père, mes quatre tantes et oncles, mes quatre cousins et cousines et, Mémé Angèle, ma grand-mère paternelle. Par rapport aux fêtes précédentes, il manque évidemment maman, sa sœur Cricri et ses parents. L'ambiance n'est donc pas morose, triste, mais à la guerre des vacheries. Car, ce soir-là, je découvre le vrai sens du dicton qui prétend que les absents ont toujours tort. Tandis que mon père est très malheureux, a beaucoup maigri, tente de digérer la séparation avec peine, les discussions tournent sans cesse autour du même sujet : ma mère.

*

Super ! Un thème vraiment approprié à une date normalement dédiée aux enfants. De fait, j'ai droit à un laïus immonde d'une de mes tantes, laquelle me prend à part dans le grand salon et – je n'en crois pas mes oreilles – me balance des horreurs. Ma mère serait une salope qui a attrapé la grosse tête ; une chanteuse qui sans mon père n'est plus rien parce que c'est lui qui l'a « fabriquée ». Et d'ajouter qu'elle va, de toute façon, « payer très cher le fait d'être partie avec un gigolo de quinze ans de moins qu'elle » ; qu'elle « ne mérite pas qu'on l'aime puisqu'elle a été capable d'abandonner sa famille… », etc.

J'ai l'air grande comme ça, mais à entendre toutes ces

horreurs, je blêmis puis m'effondre en larmes. Ces insanités me blessent, me font mal, mais personne n'est là pour faire taire cette vipère, par ailleurs unique divorcée de cette famille !

Comment ose-t-elle tenir un discours aussi odieux ? Comment se permet-elle ce flot d'horreurs alors que je ne me suis jamais permis de juger lequel de mes parents avait raison ou pas ? Alors, dans un sursaut de vérité, je décide de moucher la mégère. Entre deux sanglots, je trouve la force de me mettre en colère et de lui intimer de cesser de parler aussi mal de quelqu'un qu'elle appelait « sa sœur » devant ses collègues de travail quand Alice Dona lui rendait visite. Un instant, je lui cloue le bec, mais sa méchanceté reprend vite le dessus. Et les reproches fusent à nouveau. Cette fois, je ne moufte plus. Car personne n'est là pour m'épauler. Tandis que mon père passe à côté de son devoir de protecteur, empêtré dans sa douleur, tout le monde y va de sa petite phrase, de sa vanne mesquine, sans doute convaincu que ce sera répété. Ça le sera oui, mais dans les grandes lignes seulement, et l'effet ne sera pas celui escompté. Car au lieu de me monter contre maman, ces paroles m'écœurent plus qu'autre chose contre ceux qui les professent.

Il n'y en a qu'une qui ne dit rien. Une qui a élevé seule ses cinq enfants, après le décès prématuré de son mari. Une qui ne juge pas les autres parce qu'elle connaît la vie et ses moments difficiles. Mémé Angèle. Elle sera la seule de cette famille à ne jamais prononcer un mot de travers quant au départ de ma mère. Sans doute par honnêteté, pudeur et parce qu'elle connaît les emportements et le caractère explosif de son propre fils.

*

Cette soirée se révèle donc un cauchemar pour moi. Et le pire des Noëls.

Quand je rentre à Paris, le lendemain, je découvre que maman est, de son côté, restée seule pour le réveillon. Laurent se trouvait chez ses parents qu'Alice ne connaissait pas encore. Alors qu'elle me raconte son plateau télé de la veille, je lui brosse à grands traits ma super soirée. Mais ce n'est pas grave, ce soir on organise un joli Noël à trois… et au calme.

29

Quelques jours plus tard, mon père me téléphone. Toujours très malheureux, il veut apprendre des choses sur notre vie, savoir comment va ma mère, bien sûr, découvrir ce qu'il ferait mieux d'ignorer : elle baigne dans le bonheur. Le seul fait que je reste évasive le met hors de lui. Et là, il me jette à la figure que puisque « je suis si bien avec elle, je n'ai qu'à y rester ».

Je suis bien ici, c'est vrai. J'aime Paris parce que j'ai quatorze ans, que cette ville bouge, que je peux aller au cinéma et voir des amis. Parce que personne ne me dit du mal de qui que ce soit, parce que je sais ce que j'ai vécu avec mes parents et que la situation me paraît mieux ainsi. Mais lui se sent trahi. Il pense que je lui préfère ma mère, que je prends parti contre les siens. Alors, la sentence – injuste – tombe : il ne souhaite plus me voir.

Je suis sous le choc mais que puis-je faire ? À quatorze ans, a-t-on la présence d'esprit de raisonner un papa meurtri ? Est-ce même le rôle d'un enfant que de faire comprendre à un adulte qu'il devrait agir comme tel ? Non. Alors, seul le silence lui répond. Et la discussion cesse sur le bip-bip d'un téléphone raccroché.

Soit, mais ce que j'ignore, c'est que cette brouille, ce silence, cette absence vont durer... quatorze ans.

Par la même occasion, maman et moi ne voyons plus Emmanuel durant quelque temps. À dix ans on comprend encore moins qu'à quatorze et il n'est pas question pour Manu que son père reste seul. Logique imparable. Et famille éclatée en mille morceaux de souffrances.

30

Après ce chaos familial, la vie reprend peu à peu son cours. Presque normal.

Je passe en troisième sans problème et Bouboulina continue de boubouliner. La faute à la boulangerie qui se trouve en face du collège ! Un lieu pratique pour acheter les croissants et les pains au chocolat du petit déjeuner que l'ado mal dans sa peau ne prend pas chez elle. Et comme il y a également là des tonnes de bombecs à découvrir, Raphaëlle poursuit ses expériences sucrées durant les heures de maths.

Je relève même de sacrés défis. Genre descendre un pot de Nutella en une heure, sans cuillère, donc avec les doigts. Ou mettre le plus de chewing-gums possible dans ma bouche…

Bref, je passe le temps comme je peux, en essayant de joindre l'utile à l'agréable. Mais ma balance s'affole.

*

En fin d'année scolaire, je réussis mon BEPC haut la main, ce qui m'amène en seconde dans une nouvelle école.

Mais avant, l'été promet d'être au top. Virginie et moi décidons de retourner aux Issambres. Et là, ma mère a une idée géniale : y descendre avec nos Mobylettes respectives ! C'est par le train que nous accompagnons nos engins. Arrivées à la gare de Saint-Raphaël, mon grand-père nous attend afin de ramener nos bagages à la villa et nous ouvre le chemin.

C'est donc fièrement que nous chevauchons nos 103 SP durant les trente kilomètres qui séparent la gare de la maison. La mob de Vir est bleue, la mienne vert amande (je déteste le vert mais il fallait attendre plus d'un mois pour avoir une autre couleur). Et pendant plus d'un mois la nouvelle liberté que nous procurent nos engins vaut tous les cadeaux du monde.

*

Une fois nous rentrons à cinq heures du matin, totalement inconscientes de n'avoir prévenu personne. Quand je vois mon grand-père posté devant la porte de la villa, nous, heureuses, lui lançons seulement un :

— Bonjour Papy, ça va ?

Patatras, la douche froide. S'ensuit un terrible sermon doublé de la menace d'appeler ma mère pour lui révéler notre conduite totalement irresponsable. D'accord, on aurait pu prévenir mais nous étions à la plage juste en bas du village et n'avons rien fait de mal. OK, mais Papy, lui, n'a pas dormi de la nuit ! Inconscience de l'adolescence.

31

À Paris, le lycée Victor-Hugo se situe au bout de la rue du Parc-Royal où nous vivons. Une proximité pratique qui m'aide à gratter quelques minutes de sommeil chaque matin. Un avantage qui compense mal le fait que je trouve nulle la seconde. Il faut prendre ses cours en notes ; les profs se fichent de savoir ce que l'on relève sur nos pages et, tant qu'on ne fait pas trop de bruit, ils paraissent contents d'eux. L'indifférence, à nouveau.

Comme je me sens totalement paumée, du coup je m'isole. Plus aucune matière ne m'intéresse. Corinne, parce qu'elle a redoublé sa troisième, n'étant plus à mes côtés, je ne fais rien pour m'accrocher. La chute de mes notes devient aussi inévitable que la convocation de ma mère chez le directeur.

*

De son côté, ma prof principale conseille de m'orienter vers une voie rapide, des études courtes. C'est lors de notre dernière entrevue que je lui explique ce que je souhaite faire de ma vie.

— J'ai envie de me remettre sérieusement à la danse, d'apprendre la comédie et le chant. Dans quel but, j'en sais rien, mais monte en moi le désir de m'essayer à ces disciplines artistiques.

La prof me regarde d'un air amusé :

— Et à part ça ?

— Quoi à part ça ?

— Mademoiselle Ricci, vous ne pouvez pas prétendre vouloir abandonner une scolarité pour vous « essayer » à des disciplines artistiques ?

— Ah bon ! On parie ?

Sans relever l'agression gratuite, elle ajoute :

— En revanche, vous pouvez prendre ces cours en dehors de l'école.

— À raison d'un cours de temps en temps oui, mais moi je veux le faire à plein-temps.

— Ah bon, et dans quel but ?

— J'en sais rien !

— Vous n'êtes pas raisonnable, mademoiselle Ricci

— Ça, c'est sûr, mais sachez que je n'ai pas l'intention de le devenir.

— Vous êtes consciente que vous n'aurez aucun bagage dans la vie ?

— Si, des bagages artistiques !

— Mais vous ne pouvez pas en faire un métier. Chanter, danser ou jouer la comédie ne sont pas des métiers sérieux !

Et ma mère, ai-je envie de lui rétorquer. Mais, plus habile, je lui rétorque :

— Ah ? Parce que le vôtre l'est ? Mes parents en vivent depuis des années et ils vont très bien, merci.

— Ce n'est pas un bon exemple, ils ont de la chance voilà tout.

— (Rires.) De la chance peut-être, mais ils travaillent dur aussi.

— Vous pensez donc qu'avoir un certain talent artistique peut vous faire réussir dans la vie ?

— Absolument !

— Vous ne souhaitez pas posséder un minimum de culture générale ?

— Si bien sûr, mais je peux parfaitement l'acquérir en dehors de l'école.

— Ah oui ? Avec l'aide de vos parents peut-être ?

Là, je commence à m'énerver franchement.

— Écoutez, laissez mes parents continuer à réussir leur vie.

Eux, au moins, ne se satisfont pas d'être fonctionnaires et assistés ; ils se bougent en faisant ce qu'ils aiment et je commence à avoir l'habitude de la jalousie des gens. Vous ne connaissez rien à ce milieu, moi si !

— Très bien, mademoiselle Ricci, je constate que vous avez des idées bien arrêtées. Et je ne vois pas comment je pourrais vous faire entendre raison.

— Parce que vous seriez la voix de la raison à vous toute seule peut-être ? Eh bien vous me faites rire. J'ai décidé d'arrêter ma scolarité et rien, ni personne, ne parviendra à me faire changer d'avis.

— Soit. Je vous souhaite donc bon courage, car je pense que vous en aurez besoin !

— C'est ça oui...

Résultat, je quitte plus que jamais convaincue de mon choix et la salle des profs qui ne ressemble à rien et cette enseignante obtuse.

*

Le rendez-vous entre maman et le proviseur ne se déroule pas vraiment mieux. On la gratifie d'un discours moralisateur qui l'agace et fatigue très vite.

Le principal, pour moi, c'est qu'elle souhaite m'aider, mieux, m'accompagner dans ma décision. À une condition toutefois : elle prend en charge les cours que je souhaite suivre mais, en contrepartie, je dois accepter un enseignement d'anglais intensif ainsi qu'une formation de sténodactylo. Si jamais j'échouais dans le monde artistique, au moins aurais-je des notions de secrétariat.

Le deal étant validé par les deux parties, me voilà libérée d'une scolarité qui m'ennuyait terriblement et... face à l'inconnu.

Voler de ses propres ailes, hors des sentiers scolaires balisés, exige audace, patience et multiplication des démarches.

Je m'inscris pour la rentrée de septembre à l'École de Danse du Marais, célèbre institution qui, par chance, se trouve à côté de la maison. Mais aussi au cours Florent, conseillée par Virginie qui y est étudiante, et chez Anton Valéry, un prof de chant et ami de maman. En même temps, cette dernière m'inscrit chez Pigier pour une formation intensive d'anglais et de sténodactylo. Les paperasses faites, me voici parée.

*

En attendant la rentrée, que faire ? Maman commençant les répétitions de sa tournée d'été et moi aimant ces ambiances avec musicos fêlés, je postule au rang de « poursuiteuse » afin de partir avec elle.

Quand, durant les répétitions qui se déroulent dans un studio en banlieue, le nouveau guitariste fait son apparition – je connais les autres depuis des années –, j'ai plus que jamais envie d'accompagner la troupe. Sylvain – c'est son prénom – est plus âgé que moi de six ans mais bien plus jeune et mignon que les autres accompagnateurs. Même s'il n'est pas très grand, voire même plus petit que moi, il me paraît immense et super fort derrière sa guitare. Or, j'aime assez cette symbolique !

Je crois que mon message de groupie totale passe clairement, tant je ne me lasse pas de le regarder jouer lors des répétitions. Il capte d'ailleurs assez vite les signaux lumineux, fluorescents et clignotants émanant de ma personne.

Ce qui devait arriver arrive. On se donne rendez-vous un soir pour dîner dans le quartier des Halles et c'est en sortant du restaurant que le premier bisou a lieu. Ensuite, *love story* : Sylvain et moi ne nous quittons plus. Il habite avec son frère dans un petit deux-pièces de la rue Victor-Massé dans le IXe arrondissement. Ça tombe bien, moi je vis seule dans un studio. Ainsi il vient s'installer avec moi. Avec l'accord maternel, bien entendu, car maman l'aime bien et se rassure même de le savoir à mes côtés. Petit à petit, apprivoisée par sa douceur, son calme et la motivation qu'il met dans son travail, je tombe éperdument amoureuse de lui.

33

Tiens, encore un déménagement ! Rue de l'Armée-d'Orient, dans le quartier de Montmartre. Ma mère et Laurent louent une maison magnifique, sur quatre niveaux et avec jardin. Cette fois, nous vivons tous ensemble. Au deuxième étage, réservé, maman et Lolo possèdent une grande chambre précédée d'une belle salle de bains. Celui du dessous m'est alloué ; enfin *nous* est alloué puisque Syl suit. Nous avons droit à notre salle de bains aussi, ainsi qu'à un bureau et une chambre. Le rez-de-chaussée comprend une grande cuisine, un immense salon/salle à manger dont le côté télé situé en contrebas, s'orne d'une belle cheminée. Au sous-sol, enfin, il y a la cave ainsi qu'une immense pièce servant de bureau à Lolo, mais aussi de chambre d'amis et de salle de jeu. La maison, très chouette et au calme, bénéficie en outre de grandes baies vitrées et de fenêtres un peu partout. Le salon est même surplombé par une verrière qui procure le sentiment d'être toujours dehors. Un vrai cocon propice au bonheur.

*

Je m'éclate à courir dans Paris pour suivre mes cours grâce aux métros et bus – on a volé ma Mobylette. En revanche, je laisse tomber la comédie des cours Florent. Je pensais travailler des textes classiques mais on me cantonne systématiquement aux impros. Avec des thèmes riches et variés : « Vous êtes dans un ascenseur, il se bloque et vous vous faites violer... » Ah tiens, bizarre... Ou : « Vous êtes dans un lit et vous venez de faire l'amour... » Décidément. Goujat, mon prof me gratifie même du surnom très frais de « bouche à pipe ».

Pensant, peut-être à tort, qu'il traverse une période difficile de sa vie, je reste à peine quelques mois dans cette école. In petto, je me dis que j'en trouverai une plus « classique » une autre fois.

*

En sténodactylo, je caracole. Et ressors fièrement avec un diplôme de quarante-cinq mots/minute. Autant la sténo ne me passionne pas, autant la dactylo, si ! Les ordinateurs commencent à faire leur apparition et l'idée de taper sur un clavier sans regarder mes doigts me plaît. Je m'amuse même tellement à battre mes propres records de vitesse que j'obtiens l'un des meilleurs scores en sortant de la formation. Pour l'anglais, c'est pareil. En un an à peine, je pulvérise tous les exercices de prononciation, conjugaison, compréhension et traduction. Conséquence, je suis certifiée bilingue au bout de neuf mois. Maintenant il ne me reste plus qu'à parler, histoire d'entretenir ces atouts. Sauf que je n'ai pas l'occasion de pratiquer dans l'immédiat. Là encore, on verra plus tard.

Je possède donc – à ce jour – un BEPC et de quoi dénicher un poste de super secrétaire au cas où mon avenir dans le milieu artistique ne brillerait pas aussi fort qu'escompté. L'ennui, c'est que je n'ai encore rien prévu de spécial.

*

Les cours de danse me passionnent aussi. Je multiplie les styles tant j'ai envie d'apprendre. C'est ainsi qu'après le modern jazz, j'enchaîne avec le flamenco, l'expression corporelle et la danse africaine. À raison de deux à trois cours par jour, cinq jours par semaine et d'une motivation colossale pour la danse en général, j'ai droit aux félicitations de mes enseignants. Ce qui me booste encore plus.

Cette fois, je pense avoir trouvé ma voie.

À la maison, tout roule.

Sylvain trouve un peu de boulot dans des boîtes de jazz en plus des galas de maman et mon frère réapparaît ! Il a grandi et s'est musclé. Ça nous fait drôle ! Mon père – dont je n'ai aucune nouvelle – a eu la bonne idée de l'inscrire à l'école du cirque. Lui qui pataugeait dans l'échec scolaire depuis toujours a enfin trouvé là matière à exprimer son caractère et sa personnalité. Dans le petit jardin, il nous montre souvent les acrobaties incroyables qu'il a apprises chez la célèbre Annie Fratellini. Je l'admire.

J'apprends aussi que les Bréviaires ont été vendus et que papa s'est loué un appartement avenue Niel où il vit avec Manu. Ce dernier me confie adorer l'école du cirque. Tous les matins, il suit une heure et demie de danse classique lui permettant de s'assouplir et d'acquérir les bases nécessaires pour devenir un bon acrobate. Et je regretterai toute ma vie de ne pas avoir eu l'occasion de le voir évoluer dans ce cours ! Ensuite, il m'explique s'entraîner à ses acrobaties diverses avant d'attaquer les matières principales de l'après-midi que sont les maths et le français.

Il semble heureux et épanoui. Du coup, tout le monde est rassuré.

35

Un soir, nous regardons avec Sylvain, *Massacre à la tron-
çonneuse.* Je ne suis pas particulièrement fan de ce genre de
cinéma mais je songe qu'il y a un truc que j'adorerais faire :
maquilleuse pour les films d'horreur !

Dès le lendemain, me voilà donc partie en quête d'une école.
Et puis, comme je ne souhaite pas arrêter la danse que je
pratique toujours intensément, je trouve la solution idéale :
apprendre la théorie par correspondance et dénicher un
endroit où je pourrais effectuer un stage pour la partie
pratique.

Mais avant d'arriver à manier les pinceaux, il me faut la
base, et la base exige l'esthétique. Educatel me propose donc
de passer un CAP d'esthéticienne, diplôme qui m'ouvrira
ensuite les portes d'une formation de maquilleuse spécialisée
en effets spéciaux. OK.

Je reçois les cours chaque semaine à la maison et travaille
assidûment. Je renvoie mes devoirs écrits afin d'être notée en
retour. Des résultats excellents mais ce ne sont pas eux qui
sauront m'inculquer l'art et la manière d'embellir ou amocher
mes sujets !

*

Je cours donc à nouveau Paris à la recherche d'un institut
susceptible de m'accueillir quelque temps en stage.

D'un naturel d'ordinaire réservé, voire timide en certaines occasions, il m'arrive de faire preuve d'un culot qui m'étonne quand je décide de quelque chose. Ainsi, d'emblée je tape haut en ciblant le XVIIe arrondissement. Apprendre soit, mais dans un quartier classe quand même !

Je sors donc un soir du métro Porte Maillot et atterris dans la rue Saint-Ferdinand. Là, je pousse la porte du seul institut visible, lequel semble réservé à une certaine couche sociale vu les marques de cosmétiques et les prix annoncés en vitrine.

— Bonjour, excusez-moi de vous déranger mais je suis à la recherche d'un stage d'esthéticienne. Je dois passer mon CAP en fin d'année et je suis mes cours par correspondance. Y a-t-il une possibilité que cela vous intéresse ?

— Oui bien sûr, quelles sont vos disponibilités ? me répond-on le plus simplement possible.

— Tous les jours jusqu'à seize heures car ensuite je suis au centre de Danse du Marais pour y suivre mes cours quotidiens, dis-je pas plus étonnée d'un accord aussi rapide.

— Très bien. Vous savez que vous ne serez pas payée ?

— Bien sûr, j'ai seulement besoin de mettre en pratique ce que j'apprends.

— Parfait alors. Vous pouvez commencer quand ?

— Dès que vous le souhaitez.

— Alors disons demain, neuf heures.

— Très bien, à demain alors !

Je sors de l'institut et prends la direction du métro, un grand sourire aux lèvres. Si c'est cela le monde du travail, c'est presque trop facile.

36

Dès le lendemain, je poireaute devant le magasin à 8 h 45. Partant du principe qu'être à l'heure quand on vous donne un rendez-vous est la moindre des choses, j'ai hâte de commencer mon stage. Soit dit en passant, j'ai horreur d'être en retard en général, cela me fait culpabiliser et contrarie mon estomac !

*

Le rideau métallique s'ouvre à 8 h 55 et je fais la connaissance de ma patronne.

La visite guidée des lieux est rapide puisqu'il n'y a qu'une cabine de soins. Où se trouvent les appareils de torture destinés aux épilations à la cire, manucures, beauté des pieds et autres soins du visage. J'enregistre facilement les informations et conseils. Suivent aussi des explications très détaillées sur les produits à vendre… que je trouve exagérément chers. Mille francs pour une crème de jour ? J'espère qu'elle donne la tête de Farah Fawcett à ce prix-là ! Je dois préciser que la « drôle de dame » est un modèle de beauté pour moi ainsi qu'un exemple capillaire !

Après avoir entendu les multiples bienfaits de ces produits magiques, me voici en train d'écouter les recommandations avisées de ma patronne pour tenir un institut plus propre qu'un hôpital. Un placard entier est alloué aux produits de nettoyage et les instructions sont sévères. La cabine de soins doit être désinfectée après le passage de chaque cliente. Jusque-là, cela me paraît normal. Ce qui me le semble moins, c'est de devoir faire la poussière de la boutique plusieurs fois par jour, d'être contrainte de passer l'aspirateur dès qu'il n'y a personne – et il n'y a plus personne très souvent dans une journée –, et d'astiquer encore et encore la poignée de la porte d'entrée ainsi que les vitres donnant sur la rue. Et comme je ne suis pas la reine du nettoyage à la maison, nous avons une femme de ménage à qui je ne voudrais surtout pas faire d'ombre, voilà des tâches au-dessus de mes habitudes.

Me voilà à nettoyer et laver tout ce qui peut l'être dans l'institut, tandis que la patronne s'occupe des soins et que son mari me surveille. Je sais qu'il convient d'en passer par là et de savoir tout faire mais, en attendant, je ne mets pas en pratique ce que j'apprends par correspondance. Je m'applique néanmoins quelques jours sans rien dire, songeant qu'il s'agit peut-être d'un test pour voir si je m'accroche. Donc, je m'accroche.

*

Lors de la deuxième semaine de « travail », j'ai enfin le droit d'assister à un soin. La consigne est claire : je dois rester assise sur un tabouret dans un coin de la cabine et, surtout, ne pas parler. J'observe donc attentivement les moindres faits et gestes de l'esthéticienne en chef et garde mes questions pour plus tard. Il se trouve que, plus tard, la dame en question ne sera pas disponible pour répondre à mes interrogations. J'en prends note.

Les semaines suivantes ne se déroulent pas mieux. En revanche les patrons ont dégoté une femme de ménage gratos ! Je choisis donc d'interrompre ce stage d'esclavage qui m'aura appris à manier le chiffon – ça me servira – à défaut d'agiter la spatule à cire.

*

Quelques jours plus tard, rue du Bac, dans le VIIe arrondissement de Paris, je trouve enfin un institut dans lequel je vais pouvoir apprendre et exercer. Ma nouvelle patronne me rémunère mille francs par mois et j'ai même droit aux soins et à certains produits gracieusement. Je suis aux anges.

Je passe mon examen de fin d'année tranquillement et peux rajouter ce CAP sur mon CV.

Les quelques expériences de maquilleuse obtenues ensuite, elles, ne m'enchantent guère. Décidément, les ambiances de filles me gonflent. Alors j'abandonne mon projet : plus question de maquiller quelqu'un d'autre que moi.

37

Pour couronner cette désillusion, je découvre que Sylvain fait partie... d'une secte. Je me doutais depuis quelque temps qu'il ne tournait pas rond avec les colliers et bracelets bizarres qu'il s'était mis à porter, mais lorsque je tombe sur la mallette contenant la photo de son « Maître » entouré de signes mystiques, je lui demande une explication. Enflammé, il ne me cache pas qu'il fait partie des « Aumistes » de Castellane, alias le Mandarom. Voilà autre chose ! Mais, comme je l'aime, je pense que ça va lui passer

Hélas ! peu après, il choisit de retourner chez son frère. Celui-ci lui cède son appartement qu'il transforme en autel à l'effigie de son gourou. Très accroché, il passe son temps libre à prier et méditer. Comme l'abstinence fait désormais partie du programme et qu'il le suit scrupuleusement, je décroche peu à peu. Lui, en revanche, s'abîme de plus en plus dans ce mouvement. Il fait même des allers-retours fréquents et réguliers entre son appartement et le siège de la secte. À chaque fois, il en revient avec des tas de livres, des parfums spéciaux, un gros découvert bancaire et des objets censés repousser les lémuriens qui préparent une attaque planétaire... Je sais aussi qu'il refuse des engagements de guitariste avec les plus grands artistes sous prétexte que sa présence sera exigée lors de la prochaine réunion qui sauvera l'humanité. Pas de doute, il va de mieux en mieux. Et je ne peux rien faire !

*

Reste qu'il est attaché à moi. Il fait ainsi des maquettes de chanson et tente même de me convaincre d'essayer de chanter, seule cette fois. Il compose d'ailleurs certaines musiques à tendance jazzy-rigolotes sur lesquelles nous mettons des mots, qui donnent un texte... Bon, ce n'est pas de la grande littérature mais ça sonne correctement.

Alors, pourquoi ne pas essayer de faire écouter nos « œuvres » à une maison de disques ?

*

Mais avant cela, il me faut trouver du travail.

J'ai dix-huit ans et me dis qu'il serait temps d'avoir un petit boulot me permettant de subvenir à mes besoins.

C'est par l'intermédiaire de Kiki, une amie de Lolo, que je deviens secrétaire de direction dans une société de production cinématographique. Je mets donc en pratique mes 45 mots/minute, réponds au téléphone en français et anglais, réceptionne des acteurs et réalisateurs mais, surtout, j'apprends un tas de choses sur le milieu artistique dont j'ignore tout. Et ça, ça m'intéresse !

En même temps, Kiki m'invite à sortir avec elle certains soirs. Elle a pour habitude d'aller au *Potager des Halles*. Où elle retrouve toute une bande d'amis dont certains forment la célèbre « bande à Coluche ».

Je fais alors la connaissance de Michel Colucci...

*

Je n'étais pas particulièrement fan de ses sketchs mais je suis devenue admirative du « bonhomme », sensible, généreux, inquiet et tout de même très drôle.

C'est ainsi qu'un jour, je me retrouve dans son bureau situé dans les locaux d'Europe 1 – où il animait une quotidienne – après un coup de téléphone passé par Kiki à qui il a dit :

— Passez me voir à Europe les filles ; je suis en train de préparer mes conneries pour Canal +...

Bon d'accord !

Dans son bureau immense, sont déjà là Ludo et Jean-Mi, ses fidèles amis et collaborateurs. Comme ils sont tous les trois au téléphone quand nous arrivons, pour patienter, je commence à lire les lettres épinglées sur le grand mur à droite de la porte d'entrée. Qui disent : « Tu ne vas pas t'en tirer comme ça, attends-toi au pire ! » ou encore « Tu feras moins ton malin dans quelques jours... » Et des textes de cet acabit, il y en a sur plusieurs mètres carrés !

Michel a accroché toutes les menaces de mort qu'il reçoit. Un sacré frisson me court dans le dos.

Il raccroche son téléphone.

— Salut les filles ça va ? Prenez une chaise, j'ai encore deux ou trois coups de fil à passer et je suis à vous.

En m'installant à ses côtés, j'ai la surprise de l'entendre :

— Salut ma poule, c'est Coluche l'ancien comédien, tu peux me passer ton patron s'il te plaît ? Ah d'accord... Je peux le rappeler demain ?.... C'est à propos d'un projet que je suis en train de monter qui consiste à donner à bouffer à ceux qui crèvent de faim... mais ici en France hein ! Ça va s'appeler Les Restos du Cœurs et j'ai besoin de pognon, c'est pour ça que j'appelle le gouvernement tu comprends ? OK, bisou ma poule à plus tard !

Et voilà, sans le savoir, j'étais en train d'assister à la naissance des Restos du Cœur. Et « sa poule » est en fait l'assistante du Premier ministre.

*

Quelques semaines plus tard, je me retrouve sur le plateau de son émission spéciale, où tous les chanteurs, acteurs, danseurs, politiciens, chefs d'entreprise, animateurs et journalistes lancent un appel aux dons et tentent de mobiliser le plus grand nombre.

La première saison des Restos du Cœur vient d'ouvrir ses portes. C'est aussi la première fois que je me suis sentie enfin utile en distribuant des repas en région parisienne. Et c'est encore la première fois que je prends conscience de la chance inouïe d'avoir pu manger à ma faim jusque-là. Je vous promets, ça calme !

*

En novembre 1985, j'assiste au « mariage » de Coluche et Thierry Le Luron à Montmartre qui vaut une belle pagaille, tant dans Paris que dans le monde médiatique.

Je deviens alors définitivement fan de cet homme totalement décalé, dérangeant l'opinion publique, qui plus est sans faire de mal à qui que ce soit. Trop fort !

Les Restos prennent une ampleur inattendue et inquiétante puisque plusieurs millions de repas sont distribués jusqu'en mars 1986 avant de reprendre les années suivantes.

*

Après avoir battu le record du monde de vitesse en moto sur un kilomètre lancé (252 km/h), Michel refait quelques apparitions au *Potager des Halles*.

Lors d'un dîner où nous sommes une bonne quinzaine – et dont il paiera encore l'addition pour tout le monde –, je suis assise à ses côtés. Nous parlons moto, chanson et Guadeloupe, sujets que nous affectionnons quand d'un coup il me dit :

— Toi, t'es triste… tu m'énerves… alors arrête !

Comme je ne trouve rien à lui répondre, je lui envoie un grand sourire.

*

Jeudi 19 juin 1986. Je suis dans ma voiture et rentre à la maison après une journée particulièrement nulle au bureau. Je me suis sentie mal sans trop savoir pourquoi. J'allume la radio pour écouter un peu de musique quand j'entends que Coluche est mort à moto… Pfff n'importe quoi ! Énervée, j'éteins ce truc en me disant qu'ils ne savent vraiment plus quoi inventer.

En arrivant à la maison, il n'y a personne. J'allume la télé et me mets comme d'habitude sur Canal +.

Michel Denisot apparaît avec Philippe Gildas et Maryse. Sans avoir besoin de mettre beaucoup de son, je comprends à leurs têtes que ce que j'ai entendu à la radio est vrai.

Denisot pleure et n'arrive pas à parler. Mes jambes n'arrivent, elles, plus à me soutenir et je m'effondre sur le canapé du salon. Je n'en crois pas mes oreilles, c'est impossible...

Ce que j'entends n'a aucun sens. Michel était un motard hors pair et connaissait la route de Grasse presque par cœur. Alors non je n'y crois pas !

Ce que je pense des circonstances de l'accident n'engage que moi. De toute façon, je n'étais pas sur place mais je l'aimais tellement que je n'ai pas envie d'admettre qu'il soit parti aussi connement.

Enfoiré d'Coluche et putain d'camion !

Troisième partie

LA MUSIQUE, OUI LA MUSIQUE...

38

Laurent connaissant bien le patron de C.B.S. France, je décroche un rendez-vous. Je n'ai pas besoin d'attendre très longtemps ni d'entreprendre de démarches ailleurs puisque le producteur, dès la première entrevue, me propose un contrat. Il faut quand même être honnête en précisant qu'à cette époque, ils signent un peu tout et n'importe quoi, se disant que, sur le lot, il y aura sûrement des titres à succès. J'en fais partie ! Mais, au moins, je suis super contente de me retrouver dans la même maison de disques que Michael Jackson ! Excusez du peu.

Si l'enregistrement en studio se passe sans trop de mal, je ne suis pas satisfaite du résultat. Impossible de retrouver le style musical des maquettes. Et pour cause, le directeur artistique qui m'a été attribué passe son temps devant la télé du hall du studio à suivre les matchs de Roland-Garros plutôt que devant la table du son. On a beau m'assurer que la base, bonne, sera améliorée grâce au mixage dans quelques mois, de sacrés doutes me gagnent. Prenez-moi pour une idiote qui ignore tout du travail en studio en plus ! J'ai compris que le résultat s'avère beaucoup plus « commercial » que prévu – ce qui ne me plaît pas. Aucun bidouillage ne parviendra à changer la donne. Mais que dire de plus ? Ce n'est pas moi qui décide ! Alors, on verra plus tard.

*

Sylvain, lui, s'absente de plus en plus. Entre sa secte et une place de guitariste dans de grands orchestres de variétés, il fuit. Ses tournées durant plusieurs mois, et le conduisant au Japon et en Espagne, finissent par avoir raison de nous. Comme en plus, je sais qu'il me trompe avec des filles d'un soir – attitude que je ne lui pardonne pas –, je ne cherche pas à m'accrocher inutilement ni à cimenter vaille que vaille un duo qui ne fonctionne plus.

La fin d'une histoire peine toujours. La séparation est douloureuse pour moi. Je ne peux m'empêcher de penser que les hommes ne sont vraiment pas honnêtes même si lui avait réussi à me réconcilier un peu avec eux.

Syl a également contribué à mon éducation musicale. En tant que guitariste, il m'a fait connaître Michaël Jackson, Sting, Michael Franks, Donald Fagen, Scritti Politti, Alan Parson, Djavan, Gilberto Gil, Stevie Wonder, Chaka Khan, Michaël McDonald, Steve Gaad, Gino Vanelli, Al Jarreau, Toto, Supertramp, sans oublier Stravinsky, Bartók et tant d'autres…

Moi qui ai été élevée aux sons de Serge Lama, aux ritournelles de Dalida, Joe Dassin, Serge Reggiani, aux refrains de Georges Brassens, Jacques Brel et Barbara, je trouve alors ces artistes, pour la plupart américains, « modernes » et beaucoup plus intéressants musicalement. L'attrait de la nouveauté et surtout du swing !

Sylvain m'a aussi apporté la spiritualité qui me faisait défaut. Même s'il s'avérait un peu « perché » avec ses Aumistes, il ne chercha pas à me rallier à sa cause et c'est moi qui ai tenté de comprendre sa « philosophie ». Cela m'a conduit à étudier le bouddhisme à travers une multitude de livres dévorés le soir avant de m'endormir. De quoi m'apporter un surplus de sérénité.

Reste que ça fait mal d'être séparée de lui ; pire, de le savoir avec d'autres filles. Pas totalement zen non plus, Raphaëlle !

39

Comment remonter mon moral tombé dans mes chaussettes ?

En rejoignant une copine rencontrée à Isola quelques années auparavant et avec laquelle je suis restée en contact. Bonne idée : Marie-Claire propose d'emblée de venir chez elle à Saint-Raphaël passer le jour de l'an. Voilà de quoi me changer les idées.

*

Le Réveillon de la Saint-Sylvestre passé, nous décidons de monter à Isola quelques jours, où ses parents possèdent un appartement justement libre. La chance est avec nous : je vais pouvoir panser mes plaies.

Je fais la connaissance de nouveaux amis, les Gallo, famille propriétaire du *Cow Club*, un restaurant se trouvant sur le front de neige. Roland et Daniel sont les frères propriétaires de cet endroit où l'on savoure les meilleures pizzas de la galaxie. Mieux, je rencontre un certain Didier ; grand, beau, baraqué et drôle. Il n'y a pas de doute, il me plaît beaucoup. J'ai vingt ans, lui vingt-deux.

*

Dans l'appartement de Marie-Claire, elle-même partie chez son copain, nous discutons des heures durant et entrecoupons nos phrases de longs baisers. Mais je sens bien l'existence d'une fêlure chez lui, d'un gros nœud qui broie ses souvenirs. Après avoir insisté – assez lourdement je l'admets –, Didier me dévoile le drame qu'il a vécu, des larmes plein les yeux. Très jeune, il a été livré à lui-même suite à une tragédie familiale bien plus pesante que celle que j'ai connue. Je suis émue. Sa fragilité attendrissante me touche, comme sa gentillesse attentive. Nous passons le reste de la nuit ensemble, ainsi que les deux suivantes, qui précèdent mon retour sur Paris. Là, j'ai le cœur serré de le quitter. C'est à nouveau avec les larmes aux yeux que nous nous embrassons et nous promettons qu'il y aura une prochaine fois...

*

Promesse tenue puisque nous nous appelons tous les jours. Le manque étant insupportable à vivre, je décide, au bout d'à peine une semaine, de revenir à Isola. Didier a tout arrangé avec Dan, aussi nous dormons chez lui, les deux frères possédant chacun un vaste appartement au sein du grand bâtiment de pierre et de bois dans lequel se trouve le restaurant. Didier est sur place pour aller travailler et moi j'en profite pour aider au bar, histoire de contribuer à l'hébergement puisque je ne compte pas rester une seule semaine !

Tout se déroule si parfaitement avec Didier, mais aussi Roland, Dan et l'équipe que je reste la saison entière. Quatre mois extraordinaires à rire, danser, faire du ski, m'aguerrir au scooter des neiges – pratiqué en pleine nuit après le dernier service –, monter les spectacles hebdomadaires des commerçants ayant lieu à *La Tanière*.

De crises de fou rire en moments inoubliables, je conclus que le bonheur existe bel et bien et que c'est avec Didier que je désire partager ma vie. Un souhait vite réalisé puisque, après la saison, nous descendons à Hyères où Didou – oui, oui, Didou – loue un petit appartement. Mieux, suite à une longue discussion, il propose de me suivre sur Paris, convaincu de trouver une place de chef de rang dans l'un des nombreux restaurants de la capitale. De quoi enfin savourer l'existence.

40

L'avais-je oublié ? Un disque doit sortir. Mon premier même en solo. Qui plus est accompagné d'une tournée d'été de trente dates… en première partie de ma mère. Oui, OK, c'est du piston mais j'assume ! Soit mais comment concilier ce nouvel amour et ces déplacements ?

Présenté à ma mère et à Laurent, mon amoureux fait l'unanimité. Mieux, il emménage au premier étage. Mais comme Didier n'est pas du genre à vivre aux crochets des autres, il lui paraît logique de nous trouver un appartement.

Nous trouvons un petit deux-pièces rue Ordener, pas très loin de la maison familiale. Toujours aussi actif, il dégote aussi une place de chef de rang dans le très branché restaurant *Le Bakoni*. Désormais, tout va pour le mieux dans le meilleur des mondes : je suis en sécurité avec ce gros bosseur qui se démène pour subvenir à nos besoins. Il me rejoint sur certaines dates de la tournée quand il est congé, toujours aussi amoureux. Le bonheur.

*

Ah la tournée *Ouest France* !

Je n'ai jamais eu autant envie de vomir que durant ces trente dates ! Non parce que je serais enceinte mais parce que je dois monter sur scène devant deux à trois mille personnes. Pour quoi faire ? À quoi cela rime-t-il ? Voilà les questions que je n'ai pas cessé de me poser cet été-là. Quel est l'intérêt de connaître une telle peur paralysante avant de grimper sur les planches, pendant que j'y suis et encore après ? Pourquoi m'astreindre à ce calvaire, moi qui je ne suis pas faite pour m'exposer ainsi devant n'importe qui ? Je ne ressens en rien le besoin de la reconnaissance du plus grand nombre que réclament les artistes. Et quand le public m'applaudit – par pure politesse, faut pas rêver – ces bravos ne me procurent aucun plaisir, pas la moindre satisfaction personnelle. Et puis, je n'aime pas les titres que je chante. Le résultat d'après mixage ne me satisfait toujours pas et je n'assume en rien le style musical « variété-bidon » insufflé à mes chansons.

Un fiasco total ? Non car l'exercice est quand même enrichissant. J'essaye en effet de capter l'attention des spectateurs en me présentant de façon un peu rigolote ou en les incitant à taper dans leurs mains… Certes, ce n'est pas d'une originalité désopilante, mais je sais dorénavant combien monter sur scène devant un public qui n'est pas venu pour vous est hard et force l'humilité.

*

Dès septembre, après trois mois de commercialisation de la merveille – qui restera j'en suis sûre dans l'histoire de la musique –, C.B.S. me rend mon contrat. Un nouveau patron ayant remplacé le précédent, n'ayant moi-même vendu que 16 000 singles, je suis virée… Par courrier hein, pas de rendez-vous ni de coup de téléphone élégant, faut pas rêver ! C'est donc dans un profond soupir de… soulagement que je mets un terme définitif à ma pseudo-envie de chanter !

Quatrième partie

DIDOU & ALEXANE

41

Nous glandons sur notre canapé-lit en mousse super ferme acheté chez Ikea et regardons vaguement la télé.

— Tu n'aimerais pas qu'on se marie ? me demande à brûle-pourpoint un Didier en congés.

— C'est vrai ? tu veux ? bredouillé-je le cœur battant la chamade.

— Oui je veux, ça me paraît tellement évident ! Et j'aimerais qu'on ait un enfant aussi.

— Oui moi aussi ! je veux ! oui !

Clap de fin de séquence émotion avec colombes blanches et tout et tout.

*

Nous nous marions quelques mois plus tard, le 7 mai 1988, à Montmartre. Ma mère a tout organisé, excellente en la matière. La journée est splendide, magique, magnifique et tous ceux qu'on aime sont venus. J'entre même au bras de mon père dans l'église. Si notre relation n'est toujours pas au beau fixe, il me paraît important qu'il soit là.

Didier est tellement beau, dehors comme dedans ; ce mariage tellement évident pour nous deux qu'il ne nous a pas fallu réfléchir longtemps.

C'est donc ça quand deux personnes s'aiment, aussi évident !

*

Après des mois d'examens en tous genres pour cause de « ça ne marche pas », la méthode dite de températures a fait ses preuves : j'attends un enfant ! Un être humain que nous allons aimer, que nous souhaitons de toutes nos forces et à qui nous donnerons l'un et l'autre tout ce dont nous avons manqué chacun de notre côté.

Il est ainsi hors de question que je recommence à travailler : le salaire de Didier étant suffisant, je veux être une vraie maman, présente à tout instant aux côtés de notre bambin.

*

Ma grossesse ? Sereine et heureuse. Je souhaite même à toutes les futures mamans de connaître les neuf mois que j'ai vécus. Enfin… neuf mois et douze jours ! Avec la méthode de température, je savais exactement à quelle date avait eu lieu la conception. Les douze jours que la vie a rajoutés avant de voir apparaître la bouille de mon bébé ont, eux, été interminablement longs. L'accouchement aussi : seize heures messieurs dames ! Seize heures de travail hein ! Seize heures douloureuses et exténuantes. Seize heures et trois péridurales ratées qui n'ont jamais fait effet. Mais seize heures pour recevoir le plus beau cadeau que la vie peut offrir…

*

Alexane naît le 20 septembre 1989 à 17 h 45 à la clinique Marie-Louise, dans le IXe arrondissement de Paris. Elle pèse 3 kg 420 et mesure 53 cm.

Elle est bien évidemment la plus belle petite fille du monde. La plus souriante et la plus calme aussi.

42

Après quelques mois, il faut déménager. Notre choix se porte sur un appartement plus grand, situé boulevard Bessières dans le XVIIe arrondissement. Où Alexane a sa chambre, nous la nôtre plus une pièce principale assez grande. Didier abandonne la restauration et opte pour un job de chef de publicité lui permettant d'avoir des horaires plus normaux et d'être avec nous dès dix-neuf heures.

*

De mon côté, je ne reste pas les bras croisés. La chanson ? Merci j'ai donné. Le maquillage ? Là aussi. Alors je file un coup de main à l'école de chanteurs que maman vient d'ouvrir dans le XVIIIe arrondissement, en réceptionnant les dossiers de candidats. J'organise aussi les auditions d'entrée, qui ont lieu chaque trimestre.

Ce jour-là, j'adore. Faisant partie du jury, il m'arrive forcément de pouffer voire de partir dans des fous rires en entendant certains postulants qui ne doutent de rien !

Il y a ceux qui se croient obligés de massacrer « Je suis malade » pour faire plaisir à la patronne, ceux qui hurlent un titre de *Starmania* pour témoigner de la puissance de leur organe vocal, et moi qui ne comprends pas comment on peut, sans le moindre talent, oser se présenter devant des professionnels. Pire, comment prétendre évoluer dans le milieu musical en chantant faux et hors rythme ? Mais bon, beaucoup sont là plus pour la notoriété à gagner que mus par une vraie passion.

*

De fait, après le passage de chaque candidat, le jury constate que mes notes et observations sont – déjà – intransigeantes. Sachant à quel point ce métier est difficile, demande la plus grande des rigueurs, combien d'artistes talentueux peinent et n'émergent jamais, je raye systématiquement les postulants venus pour obtenir un simple avis, parce qu'ils ont vu de la lumière ou pour rencontrer tel ou tel membre du jury. Ces motivations-là me paraissent bien trop insignifiantes et nous font perdre du temps. En revanche, je trouve intéressants ceux qui osent sans trop y croire, ceux qui n'imitent pas mais apportent leur imagination aux chansons des autres. Et même si quelques fausses notes, souvent dues au trac, se font entendre de-ci, de-là, je privilégie en permanence la créativité.

*

Maman, elle, se montre beaucoup plus cool que moi dans ses choix. Tout du moins les premières années. Voyant ensuite qu'il ne restera que la moitié de l'effectif au bout de quelques mois, pour cause de « il fait beau, je vais me faire bronzer », « il n'y a que des cours et pas de producteurs venant nous chercher », « Alice n'a rien fait pour moi auprès des maisons de disque » ou « il n'y a pas de spectacle cette saison », elle changera son fusil d'épaule.

De mon côté, j'aurai constaté combien il existe de petits prétentieux intéressés, imbus de leur soi-disant talent et terriblement branleurs alors qu'ils prétendent vouloir pratiquer un métier censé les passionner. J'aurai aussi très vite repéré ceux qui souhaitent juste être reconnus dans la rue parce que « ça doit être trop cool de signer des autographes ! » et fait le tri entre eux et ceux pour lesquels la musique est vitale !

43

1992. Trois ans déjà. Afin de ne pas couper Alexane du monde des autres enfants, je l'inscris dans le jardin d'enfants situé à deux rues de chez nous. Une nouvelle liberté qui me permet de reprendre peu à peu une activité professionnelle. Vers quoi ? Musique, danse ? Non, télé. Sur *La Roue de la Fortune* de TF1 même. La meilleure amie de mon frère y travaille et l'émission cherche à embaucher. Assistante de production, voilà ce qui est marqué sur mes bulletins de salaire.

Dans ce milieu, ce titre veut tout et rien dire. C'est pourquoi je passe de « va chercher » pour toute l'équipe du plateau – un café, un invité, un document – à responsable des candidats puis des cadeaux. Si le rythme de travail est intense sur place, il a un grand mérite : ne m'occuper qu'une semaine par mois. Durant lesquelles nous tournons cinq émissions par jour de huit heures du matin à vingt heures quand tout va bien...

J'adore l'ambiance de tournage. Christian Morin, le présentateur, est adorable et je deviens complice avec Annie Pujol que je reconduis le soir chez elle puisqu'elle habite à quatre rues de la mienne.

Reste que je bosse seulement deux saisons sur l'émission – l'ennui déjà – avant de me retrouver chez Lance Productions.

*

Dans cette société, on produit des spectacles. Thierry Martin et Smaïn viennent ainsi de signer un artiste appelé Dany Brillant pour produire ses spectacles. *Suzette* ayant fait un carton, il faut maintenant organiser pour ses trois premiers concerts au Bataclan.

C'est mon job. Je travaille avec un garçon prénommé Luc et nous assurons toute la logistique de ce spectacle. De la billetterie à la location du back-line, des répétitions à la liste des invités dans le carré VIP, du cocktail d'après concert à la promo médiatique, rien ne nous échappe. J'apprends vite, ça me plaît et je me régale de voir les choses avancer dans le bon sens.

Les trois soirs sont complets, le public ainsi que la presse dithyrambiques, et moi fière de moi. En plus d'une activité qui me passionne, j'ai découvert un artiste profondément gentil, professionnel, généreux et talentueux.

Une belle période en somme.

44

Un an plus tard, je change de crémerie parce que j'en ai fait le tour et que cela ne me passionne plus. Suis-je instable ? Non, dans l'univers des intermittents du spectacle – même si je n'en ai pas le statut –, il faut bouger.

C'est aux côtés de ma mère que je m'active maintenant. J'ai remis le pied dans les studios Alice Dona, avec le rôle de secrétaire-assistante-bras-droit-bras-gauche. Occupation : siéger dans un bureau et m'occuper d'un peu de tout. Du planning des profs à celui des élèves, des auditions aux factures à payer, des courriers à taper et envoyer afin d'obtenir des subventions à la réception des appels téléphoniques délivrant des renseignements aux futurs inscrits. Sans oublier un statut de bureau des pleurs et de confidente de certains étudiants.

*

Au téléphone, j'ai droit à de sacrés cas parfois.

— Bonjour, je voudrais avoir des renseignements sur les prochaines auditions s'il vous plaît ?

— Bien sûr, que désirez-vous savoir ?

— La date déjà. Et surtout si Véronique Jeannot sera là car je l'aime beaucoup ainsi que Mme Alice Dona. Donc si je pouvais rencontrer mes deux idoles le même jour, je serais aux anges !

— …!

*

Ou encore.

— Bonjour, je m'appelle Sophie et je voulais savoir quand aurait lieu la prochaine rentrée s'il vous plaît ?

— En septembre, mais vous devez passer une audition auparavant.

— Ah oui, mais je suis médium et ma dernière voyance m'assurait que j'allais réussir à un examen d'entrée. Donc, afin d'éviter de faire perdre du temps à tout le monde, je pensais intégrer votre école directement !

C'est cela, oui.

*

Ou bien aussi.

— Bonjour (avé l'assen du sud si vous plé), je m'appelle Corinne et j'avais besoin d'un conseil…

— Oui, je vous écoute ?

— Voilà, j'adore chanter depuis mon plus jeune âge et je voudrais tellement en faire mon métier. Mais j'ai également l'opportunité de faire coiffeuse dans le salon de ma mère. Je ne sais pas quoi choisir et il me faudrait connaître les garanties de réussite suite à la formation dans votre école pour le métier de la chanson ?

— Ah ! Votre question est des plus intéressantes mademoiselle ! Malheureusement, nous ne travaillons pas avec l'ANPE spectacles et ne garantissons aucun travail dans ce métier. Nous vous proposons une formation complète mais nous ne pouvons aller au-delà.

— Ah… c'est embêtant.

— Oui je comprends. Mais vous me demandiez un conseil et je vais vous le donner : faites coiffeuse ! Les gens auront toujours besoin de se faire coiffer et vous avez beaucoup plus de chance de trouver du travail dans cette discipline que dans la musique

— Ah, vous croyez ?

— J'en suis certaine !

— Très bien, c'est ce que je pensais aussi... Je vous remercie !

De rien, de rien ! Et cette conversation de me faire éclater de rire sitôt le combiné raccroché. C'est fou non : comment peut-on hésiter entre faire chanteuse ou coiffeuse ?

*

Une autre fois encore, un candidat a carrément passé son audition en chantant durant plus de trois minutes sur le répondeur. Sans oublier de nous demander de le rappeler dans les plus brefs délais afin de lui donner notre réponse et qu'il sache s'il était « accepté ou pas »... Je ne vous cache pas que mes oreilles ayant souffert durant l'écoute, ce fut « ou pas » !

45

Les anecdotes ne manquent donc pas sur ces cinq années où je vais tout voir, entendre…

De grands artistes viennent ainsi nous voir afin de partager leur parcours avec les élèves : Jean-Jacques Goldman, Barbara, Alain Chamfort, Jacques Higelin, Véronique Sanson, Michel Jonasz, Zazie, Liane Foly, Muriel Robin, Francis Lalanne, Patrick Bruel, William Sheller ou encore Yves Duteil… Un peu à la façon « Actors Studio ». Je regrette d'ailleurs que ces moments n'aient pas été filmés.

Soit, mais après un quinquennat, tout gérer derrière un bureau finit par me lasser. Car, même si je vais souvent assister aux cours dispensés, je déplore que personne n'aborde l'aspect psychologique de l'interprétation. Dès lors, la plupart des étudiants se contentent de chanter des notes et de prononcer des paroles qui semblent n'avoir aucun sens pour eux au lieu de les comprendre, de se les approprier.

Certains demandent aussi comment ils doivent se mettre, debout ou assis ? Faut-il que je fasse des gestes, là ? Je regarde où ? Ah bon, je fais toujours la même grimace ? Mais mes bras, j'en fais quoi ? Je dois danser là ou pas ? Autant de questions auxquelles maman répond.

Je perçois, quant à moi, une lacune, une carence dans l'enseignement. Ça cogite sérieux dans mon crâne mais je n'ose en parler à ma mère de peur qu'elle ne se vexe de voir ses compétences en la matière contestées par sa propre fille. Alors je ne moufte pas : on verra plus tard.

46

Cinq années à Paris constituent un autre cap. Didier et moi en avons assez de la capitale, de ses mauvaises odeurs et du bruit. Nous rêvons d'acheter une maison en banlieue. Encore convient-il de trouver la perle rare.

*

Après avoir arpenté tous les programmes des constructions entourant Paris, j'aboutis, un peu désespérée, en Seine-et-Marne. On m'a parlé d'un lotissement en cours d'achèvement.

Ce que nous souhaitons est simple mais précis. Alexane est fille unique et nous n'avons pas l'intention de lui donner un petit frère ou une petite sœur, il nous paraît donc évident de ne pas l'installer dans un endroit trop isolé. Un lotissement nous semble une bonne solution, elle serait ainsi en contact avec d'autres enfants. Le fait de disposer d'un petit jardin nous paraît également indispensable, car la végétation des Bréviaires me manque...

Une fois vues et écartées les habitations avec TGV passant dans le jardin, celles avec terrain donnant sur l'avenue principale, je craque littéralement pour une petite maison mitoyenne, située précisément dans un lotissement à l'américaine construit dans un village de mille cinq cents âmes.

Nos salaires nous permettent d'obtenir un crédit total, ni l'un ni l'autre n'ayant d'apport personnel.

En juillet 1995, nous emménageons.

*

Je l'aime ma « bicoque », oh que je l'aime ! Je ne suis pas matérialiste dans l'âme mais posséder un endroit à moi, dans lequel je vais pouvoir rester longtemps, relève à mes yeux du symbole vital. J'ai envie de donner à Alexane la stabilité que je n'ai pas eue, envie qu'elle ait des copains et des copines, qu'elle reste dans la même école plusieurs années de suite, qu'elle fasse du vélo en toute sécurité et entende le chant des oiseaux. Nous sommes à quarante kilomètres de la capitale et je veux qu'ainsi elle respire un air un peu moins pollué.

*

De fait, elle entre en CP dès septembre. Autre chance : son école primaire se situe à cent mètres de la maison, juste à la sortie du lotissement. Pas de grande route à traverser mais un joli parc ; pas de coups de klaxons inconsidérés ni de sirènes hurlantes à supporter mais un calme plat à déguster.

Alexane se fait très vite des amis chez les voisins. Sa faculté extraordinaire à aller vers les autres force mon admiration. Elle tient cette vertu de son père et j'en suis ravie.

Pour ma part, je demeure méfiante envers les gens, pouvant même – malgré moi – glisser une pointe d'agressivité dans ma façon de dire les choses si je me sens incomprise ou attaquée. Le problème, c'est que je me sens souvent attaquée ! Ayant du mal à faire confiance, me trouvant en alerte permanente, je me fatigue et fatigue mon entourage. Mais qu'y faire ? Entre ceux qui m'approchent parce que je suis la « fille de » et ceux qui ne veulent pas venir pour les mêmes raisons, j'ai du mal à reconnaître les personnes vraiment sincères. Par ailleurs, suite à mes nombreux déménagements et à ma grande sensibilité souvent incomprise, j'ai peu d'amis. Une carence que renforce mon naturel assez solitaire, mais, ce qui me sauve parfois des êtres humains en général, et des lourds en particulier, c'est un humour un peu « cinglant ». Ainsi qu'un côté « enfant » toujours actif, présent et la sensibilité qui va avec !

*

Didier lui, a par contre besoin d'être entouré. Aussi j'adopte volontiers ses amis d'enfance et ses collègues de travail. Le contact prend avec ceux un peu allumés mais pas à tous les étages, beaucoup moins avec les « cartésiens-adultes-sérieux ». Je sais venir d'un milieu un peu « spécial » et que mon cheminement de vie l'est tout autant, mais je peine à adhérer aux « normaux » ayant une vie « normale » et un esprit trop « carré-rangé » à mon goût.

Didier m'apporte en tout cas la stabilité affective, matérielle et quotidienne dont j'ai besoin. J'apprends ainsi à gérer un budget familial, à m'occuper de la maison et des différentes tâches ménagères... Domaines tout à fait inconnus de moi auparavant puisque mes parents vivaient au-dessus de leurs moyens et qu'il y avait toujours eu une femme de ménage où je me trouvais.

Très bien ! Reste que prévoir les vacances six mois à l'avance et voir couler les semaines à un rythme identique finit par m'ennuyer terriblement.

47

Mon job m'ennuie tout autant. Presque cinq ans à jouer la secrétaire – de luxe certes mais quand même –, il est temps que ça change.

*

Maman a un très intéressant projet de spectacle avec ses élèves : monter une sorte de comédie musicale retraçant la carrière de Charles Aznavour avec ses chansons remises au goût du jour. J'insiste assez lourdement – comme je peux en être capable – pour participer au casting. Je ne pense pas être particulièrement présomptueuse mais je connais mes capacités. Les chansons de Charles Aznavour n'étant pas particulièrement vocales, je me crois capable de faire partie du projet. La perspective de me fondre dans un groupe me séduit et j'ai plein d'idées pour la mise en scène.

Je me présente donc devant ma mère, entre autres. Et passe haut la main les épreuves de chant, danse et comédie, organisées pour l'occasion. J'intègre la troupe de *Génération chante Aznavour*. Sans piston.

*

Didier ne voit, hélas ! pas d'un bon œil ce nouveau projet. D'ailleurs, depuis le début de notre histoire, il affiche peu de considérations pour ce métier « à part ». Tant que mon travail me permet d'être présente à la maison pour prendre Alexane à la sortie de l'école et ramène un bon complément de salaire, tout va bien. Sinon... Et là, les choses vont vite changer.

Il faut bien répéter après les cours que donne maman aux Studios Alice Dona – donc après mes heures de bureau – pour enregistrer l'album en studio à temps. Une voisine récupère Alexane à l'école et Didier la ramène à la maison ensuite. Car je rentre de plus en plus souvent tard.

*

À l'entrée en studio, les choses ne s'arrangent pas. Didier ne veut rien savoir de ces obligations et me reproche toutes les heures passées hors de la maison qui ne sont pas payées en retour. « Oui, mais ça ne marche pas autrement. » Je m'évertue en vain à le lui expliquer. Ce que l'on touche pour chaque séance effectuée relève essentiellement du défraiement et c'est seulement si l'album se vend que j'aurai droit à un pourcentage de rémunération. Une logique qui lui échappe, mais qui constitue la difficulté et la beauté de ce métier.

Et puis je suis passionnée par ce que je suis en train de faire. J'aime ces ambiances de studio qui durent tard le soir. J'aime ces heures passées à enregistrer des chœurs encore et encore... J'aime ces autres qui obligent à réécouter et à recommencer si un détail cloche. J'aime entendre les six membres de la troupe enregistrer leur chanson en solo, les encourager quand la fatigue se fait sentir ou que les doutes s'installent. J'aime l'échange des idées artistiques afin d'améliorer l'interprétation d'un titre. Bref, je suis comme un poisson dans l'eau dans cet univers où l'on rit beaucoup ensemble.

En plus il y a un Vladimir qui m'amuse et qui se trouve dans le studio voisin. Studio dans lequel des danseurs répètent leur futur spectacle. Ah la danse ! Un Vladimir à l'humour proche du cynisme qui me plaît pas mal.

Aussi, entre les dialogues de sourds à la maison et le bonheur des séances de studio, j'opte vite pour la jeunesse, la musique et une bonne ambiance. Un esprit décontracté qui me change de mon quotidien de femme mariée à la vie bien rangée. Résultat : je ne pense plus qu'à l'album et au spectacle qui va suivre. Sans trop songer à ce qui, parallèlement, est en train de prendre l'eau : mon couple.

*

Un soir, après une énième séance d'enregistrement, grande tablée au restaurant puis verre dans un pub mexicain. Bonne ambiance, rires, délires. Après un moment – que de bruit dans cet endroit –, Vladimir, qui nous a rejoints, me propose de partir afin d'aller boire un verre chez lui. J'accepte. Il est tard dans la nuit, il est gentil avec moi, paraît patient et à l'écoute. En charmeur professionnel, il marque déjà son futur territoire, se montre habile à pousser aux confidences, doué pour faire parler les autres afin de recueillir le plus d'infos possible. La discussion achevée, je rentre chez moi, troublée par ce qui est en train d'arriver.

Didier devine que je m'éloigne de lui comme de la maison. Et moi je sais pertinemment que je suis en train de signer la fin de mon mariage. Mais une force inexplicable m'incite à poursuivre dans cette voie. L'attrait de l'inconnu.

Cinquième partie

TENSIONS

Je suis seule désormais. Seule contre tous. « Tous » ? Les amis de Didier qui défilent les uns après les autres afin de me faire la morale et tenter de me remettre dans le droit chemin.

« Tu es en train de t'emballer pour un projet dont tu ne sais même pas s'il va aboutir, ce n'est pas raisonnable ! » Peut-être, mais j'en ai marre d'être raisonnable...

« Si tu continues, tu vas perdre un homme super ! Et tu n'es pas prête d'en retrouver un comme lui de sitôt ! » Oui, je sais, faut croire que je ne le mérite pas...

« Tu détruis ta famille pour un caprice ! Pense à ta fille ! » Bien sûr je pense à elle, mais je ne resterai pas avec Didier à tout prix et uniquement pour Alexane.

Et puis, ils sont gentils avec leurs conseils à deux balles. Certes Didier est super, mais pour vous, comme pote et ami. Alors que moi je réagis en femme qui s'ennuie. Dès que je parle de mes projets ou envies artistiques, il ne me prend pas au sérieux, ne croit pas en moi. Alors quoi : je serais condamnée à rester derrière un bureau, à traîner dans un emploi de secrétaire aux horaires calibrés pour ne pas faire de vagues ? Et mon épanouissement ? Est-ce mal me connaître que de m'imaginer en épouse aimante bien sage, encourageant et admirant uniquement son mari ? Oui, car moi aussi j'ai besoin que l'on m'écoute, m'encourage et admire...

Donc les conseils des copains hein, basta !

Le temps passe mais la situation ne s'arrange pas. Je suis tiraillée entre ma vie de famille et les discours de Vladimir, qui me répète inlassablement que je suis belle, talentueuse et unique. Y'a pas à dire, il sait user des bons arguments lui !

*

Le 1er mai 1998, une dispute éclate à la maison entre Didier et moi.

Encore une fois au sujet de mon comportement à ses yeux irresponsable...

Il y a eu peu de querelles entre nous en dix ans, mais, à chaque fois, elles ont entraîné une vraie remise en question. Celle-ci est de taille puisque Didier quitte la maison, un sac rempli d'affaires à la main.

50

Voilà plusieurs mois qu'une boule m'obstrue l'estomac. Partagée entre l'excitation d'entamer une autre vie et la culpabilité de détruire une famille, je me perds. Un pincement au cœur permanent qui m'empêche de manger et dormir tranquillement. Si les kilos commencent à s'envoler, une partie de moi s'évapore aussi. Celle qui croyait à l'amour-toujours, au prince charmant et à une existence presque facile.

*

Le manque de sommeil agissant sur mon moral, et je tombe inexorablement dans les premiers bras réconfortants à ma portée. Ceux de Vladimir, là pour ramasser les morceaux.

Je me laisse embarquer dans ses grandes phrases romantiques, enflammée par le fait que je suis « tout ce qu'il attend d'une femme », envoûtée par les multiples jolies phrases du même tonneau qu'il accumule et que j'ai toujours rêvé d'entendre...

51

Au troisième jour de notre « collaboration affective » pourtant, j'ai la surprise d'entendre Vladimir me traiter de « salope », mot adroitement placé dans une phrase où les sous-entendus multiples se bousculent pour me reprocher de ne toujours pas avoir divorcé. Une agression destinée à me mettre la pression qui fait chou blanc : constatant que je prends physiquement le large devant ce genre de comportement, il s'excuse illico en promettant de ne jamais recommencer.

*

L'ennui, c'est qu'il recommence. Et que nous nous disputons. Souvent d'ailleurs pour une bêtise. Lui attaque verbalement ceux que j'aime ; alors je lui rétorque de la même façon pour les défendre et il enchaîne en m'insultant. Je mets longtemps à réagir, préférant laisser passer ses colères, mais, face aux vulgarités, je m'énerve à mon tour. Résultat : nos rapports sont en permanence tendus et quotidiennement rythmés par des querelles, mots violents, pleurs, accalmies puis excuses.

Quand je lui demande si de tels rapports sont normaux dans un couple – mon précédent s'est déroulé sans trop de vagues –, Vladimir prétend que ses parents agissent de même et sont toujours ensemble, que les miens se comportaient de la même manière, donc que tout le monde vit ainsi. À l'entendre, c'est moi en fait qui ne suis pas dans la vraie vie : à cause de mon éducation et de mon rang social de « bourgeoise », terme dont il m'affuble souvent pour me faire sentir combien je suis née sous une bonne étoile contrairement à lui !

*

À l'écouter, Vladimir est en effet une victime de la vie. Il dramatise ainsi à volonté son enfance soi-disant malheureuse, alors que rien de grave ne lui est jamais arrivé.

De mon côté, je devine rapidement que je n'entretiendrai pas de rapports très profonds avec ses parents et son frère, eux-mêmes se plaignant sans cesse de tout, de la vie, des gens, de la malchance qui les accable, de tout ce qu'ils font pour me considérer comme leur fille. De vrais champions du monde, toutes catégories, pour culpabiliser les autres.

Vladimir tient d'eux, sans aucun doute. C'est même l'arme favorite dont il use puisque, de mon côté, je culpabilise sur tout, très vite. Aussi m'atteindre en usant de cette corde est à la portée de n'importe quel pervers. Il suffit de me parler de mes parents, de ma fille ou de mon métier pour que je me transforme en guimauve anéantie par le doute. Et lui, au fil des mois, ne s'en prive pas.

Et me voici progressivement engluée dans le tourbillon manipulateur du « je t'aime, moi non plus ».

Je dois être vraiment mauvaise parce qu'il faut quand même admettre que c'est grâce à lui et suite à un rendez-vous demandé à ma mère, que je deviens prof à plein titre aux Studios Alice Dona. Lui seul étant convaincu de mon talent à coacher des chanteurs, sa confiance suffit à me faire oublier les quelques horreurs entendues à la maison.

Oui « à la maison », parce que j'ai aussi eu droit à un chantage. De toute beauté même : soit il emménageait chez moi, soit c'était fini entre nous ! Une fois encore, ma fragilité naturelle ne m'a pas permis de lui résister et d'imposer des limites. Perdue entre le sentiment d'être la plus minable des personnes et en même temps quelqu'un de bien, je tournoie dans un tourbillon émotionnel permanent. À chaque accalmie, je me fouette moi-même psychologiquement, me reprochant trop d'intolérance, autoflagellation incongrue qui culpabilise douloureusement, « mauvaise fille qui a des pensées trop négatives sur son bienfaiteur ».

De fait, cela doit bien être moi la méchante puisque tout le monde a l'air de bien l'aimer. Lorsqu'on sort ensemble, il est si adorable, attentionné à mon égard et presque timide même, que je me remets en question. Me fais-je un film ? Soit, mais dans l'intimité, ce conjoint étrange me traite de tous les noms, m'accuse de tous les maux et même d'être responsable de ses agressions à mon égard. Selon lui, n'étant pas à la hauteur, je l'énerve et, à cause de ça, je l'empêche même d'avancer dans sa vie professionnelle !

*

Aussi, le jour où j'entends parler d'un casting pour entrer dans une grande compagnie, je mets tout en branle pour qu'il puisse passer l'audition. Se réjouit-il ? Non, parce que son vœu le plus cher consiste à se retrouver seul sur scène face à son propre public. Comme il n'aime pas beaucoup les gens en général, le fait de se retrouver dans une troupe ne le séduit pas plus que ça. Pourtant, je réussis à le convaincre. Et peu de temps après son audition, il est retenu et engagé.

Les répétitions du spectacle ont l'air douloureuses. Quand il rentre le soir, les critiques envers ses nouveaux collègues de travail fusent méchamment. L'un est vieux et danse mal ; l'autre s'est tapé un des chorégraphes afin d'être engagée ; la production essaye de l'arnaquer donc il ne va pas se laisser faire.

Je le trouve bien virulent pour quelqu'un qui n'a encore jamais rien fait de concret dans ce métier mais, comme je ne suis pas sur place, je lui fais confiance.

53

Mes cours se déroulent à merveille même si je ne me fais pas que des amis parmi les élèves. Quelques-uns ont du mal à encaisser certaines de mes remarques – et je les comprends –, mais ce n'est pas pour autant que je vais changer ma façon de faire ni me mettre à bannir la franchise de mes vertus professionnelles.

Je reste convaincue qu'on monte sur scène uniquement pour de bonnes raisons. Faire ce métier pour s'enrichir matériellement ou être reconnu dans la rue ne font, à mes yeux, pas partie des critères majeurs. Chanter son titre en observant ses pieds ou en adressant des sourires niais aux copains-élèves servant de public, non plus ! Et choisir une chanson alors qu'on n'en comprend pas le texte, encore moins !

Conséquence, certains progressent vite pendant que d'autres décident de ne plus venir à mes cours tant « je les déteste »... Il est d'ailleurs intéressant de voir à quel point les gens mélangent tout. Une critique = je ne t'aime pas. Évidemment, la sélection se fait naturellement au bout du compte et cela me va très bien.

Enfin un petit moment car j'ai de plus en plus envie d'autre chose. Je suis épuisée de voir défiler des étudiants n'ayant rien à faire sur une scène. On peut prendre tous les cours du monde, cela ne fera pas d'un nul une personne talentueuse. On ne devient pas artiste, on l'est ou pas. Moi-même ne l'ai-je pas compris à mes dépens ?

*

Aussi, fin juin 2001, je décide d'arrêter les Studios Alice Dona. J'ignore ce que je vais faire ensuite mais je sais, je sens qu'il faut partir. Avant de m'en aller définitivement, je présente six de mes étudiants au casting de la troupe du spectacle musical *Les Dix Commandements*. Et trois d'entre eux sont retenus.

*

En même temps, je m'occupe de la mise en scène du show d'inauguration du premier Club Med World. D'où est venu ce contact ? D'une belle proximité, puisque c'est dans ces locaux que ma mère a installé son école quelques mois auparavant. Des chorégraphies aux costumes, de la conception lumière au casting, j'aime assez voir mes idées évoluer sur scène. C'est bon pour l'égo et cela me permet de tourner une page supplémentaire d'une façon positive et artistique.

*

Le dernier jour aux Studios me paraît bien long, tant j'ai hâte de ne pas savoir ce qui m'attend. En sortant de l'école, une envie soudaine de changer de tête, comme pour prendre un nouveau départ, me tarabuste. Alors, j'entre chez le premier coiffeur que je trouve et lui demande de couper la chevelure bouclée qui m'arrive aux épaules. Il me faut négocier une bonne demi-heure avant de le décider à me laisser cinq centimètres sur la tête, mais j'y arrive.
Nouvelle coiffure, nouvelle vie !

54

Enfin nouvelle vie professionnelle seulement parce qu'à la maison le climat se détériore grandement.

Vladimir a en effet littéralement attrapé la grosse tête. À l'en croire, il est devenu une vedette vendant des milliers de DVD. Il n'emploie ainsi plus le « nous » quand il parle du spectacle de la compagnie dans laquelle il danse mais un « je » orgueilleux qui me dérange. J'ai presque honte pour lui tant son manque d'humilité saute aux oreilles et tant je sais combien, dans ce métier, rien n'est jamais acquis. Mieux, qu'un profil bas sert à long terme alors que faire trop de bruit ruine une réputation naissante.

*

Dans la vie quotidienne, c'est la Sibérie. Alexane a droit à un « bonjour » hebdomadaire de sa part, et encore uniquement quand il sent que je prends mes distances. D'ordinaire il fait comme si elle n'était pas là. Il se plaint également d'être obligé de ne pas faire trop de bruit passé vingt et une heures, consigne que j'impose parce que ma fille se lève tôt pour aller à l'école. Il déplore encore de ne pas avoir d'espace à lui dans la maison et me reproche de ne faire aucun effort en ce sens. Et menace littéralement de me quitter si du courrier, même de la pub, au nom de mon ex-mari tombe dans la boîte aux lettres.

Didier est à vrai dire un sujet de récriminations récurrent pour lui, propos tenus de vive voix pour qu'Alexane les entende. Il sait que ses diatribes nous font du mal mais il continue. Avant de faire machine arrière, balançant des phrases humoristiques cherchant à dédramatiser les choses. Et moi, comme anesthésiée, je me dis qu'il a raison et qu'une fois encore, je prends tout mal, et à mon compte !

Cette fois, le piège s'est refermé.

*

Le seul lien qui me maintient tant bien que mal les pieds sur terre, c'est celui avec ma fille. Je garde un œil sur elle en permanence. M'enquiers de ses résultats scolaires, de ses histoires avec ses camarades et ne manque jamais de lui faire des excuses si une dispute avec Vladimir est allée trop loin, tant dans les mots que dans le volume sonore.

Cela ne suffit évidemment pas à me donner bonne conscience mais là où Vladimir me reproche d'être une mère poule, je tiens plus que tout à rester proche et en phase avec ma progéniture.

55

Un jour, je l'accompagne en tournée. Nous sommes à Marseille, dans un hôtel somptueux surplombant le port, quand il se réveille de mauvaise humeur. Cette fois, une dispute éclate à cause du petit déjeuner qui n'a pas été monté dans la chambre à midi. Oui, mais il n'y a plus de petit déjeuner à cette heure-là. De cela il se fout, « il n'est pas n'importe qui tout de même » !

Quand je m'habille et m'apprête à descendre pour avaler le mien dans la salle prévue, un gros cendrier en verre atterrit violemment sur mon tibia. Je ressens une douleur intense, je saigne mais le visage de Vladimir me fait plus souffrir encore : il ressemble à celui d'un fou, furieux, débordant de haine et de colère :

— Tu m'emmerdes ! hurle-t-il. Casse-toi ! J'aurai mon p'tit déjeuner dans ma chambre et c'est tout ! Tire-toi j'te dis, pauvre conne !

*

En sortant de la pièce, je suis en pleurs, David qui s'occupe de la sécurité des danseurs se trouve devant la porte et me voit, atterré. Comme il a sûrement tout entendu, je ne cherche pas à lui révéler ce qui arrive, non, j'éprouve de la honte. Celle d'avoir provoqué ce genre de réaction chez Vladimir. C'est moi la coupable.

L'excuse du jour est d'ailleurs créative : mon conjoint ne l'a pas fait exprès, il visait le mur. Méchant mur qui renvoie le cendrier pile sur moi !

Suite à l'incident, je garde un petit morceau d'os cassé qui se balade sur mon tibia. Souvenir souvenir…

*

À ce point du récit, certains se demanderont comment on peut en arriver là et pourquoi je raconte ces anecdotes aussi violentes qu'humiliantes.

Parce que, justement, dans les cas de violence conjugale, on en arrive là ! Au moment où c'est la victime qui se croit responsable de ce qu'elle endure, où elle se pense coupable de susciter chez l'autre les accès de colère, où elle ne parvient plus à réfléchir logiquement, à comprendre que le fautif c'est l'agresseur et non l'agressé.

Parce que, aussi, baigner dans un univers soi-disant évolué – celui de la culture – n'empêche pas la fréquentation de tordus, de sales types usant du harcèlement moral et psychologique pour asseoir leur pouvoir sur une femme. Parce que, aussi, ma petite notoriété acquise grâce à la *Star Academy* – rassurons les pressés, j'y viens –, si elle permet de découvrir cette part sombre de ma vie et par là même aider des femmes ayant enduré les mêmes humiliations et agressions à ne plus céder, mais plutôt à relever la tête et se battre, alors elle aura servi à quelque chose de fort. Bien plus fort que de participer à une émission hyper médiatique : lever un coin du voile sur trop de violences indignes, dénoncer ces comportements anormaux, aider certaines à trouver la force de s'en sortir, voilà les raisons profondes de l'exercice de vérité que je m'impose.

Sixième partie

COACH, STAR'AC & CO

56

Quel paradoxe : ma vie personnelle vire au mauvais téléfilm noir tandis que mon parcours professionnel va me conduire sous la lumière des projecteurs. La schizophrénie des vies dans ce qu'elle a de plus troublant, voilà l'étape qui s'annonce.

*

Quelques semaines plus tard, en effet, la production des *Dix Commandements* me sollicite afin de coacher la nouvelle équipe de neufs interprètes et de la préparer à partir en tournée. J'ai deux semaines pour leur faire « avaler » chansons, rôles, déplacements et mise en scène.

À l'aide de vidéos et de marquages précisément indiqués sur le sol de l'immense salle de danse louée pour l'occasion, je pulvérise le délai en ayant seulement besoin de dix jours. Le challenge est réussi, la troupe apte à rejoindre la tournée.

*

Je suis en outre rapidement contactée par le manager d'un des artistes de la comédie musicale. Qui travaille sur le casting d'une émission bientôt diffusée sur TF1. Il est question d'y être prof dans un château et d'un programme filmé vingt-quatre heures sur vingt-quatre. L'idée des caméras ne me réjouit guère mais lorsque Alexia Laroche-Joubert, directrice du projet, m'appelle pour un rendez-vous, j'accepte.

*

Aux studios de la Plaine-Saint-Denis, j'arrive devant le bâtiment 107. Après avoir attendu quelques minutes dans le hall d'accueil, je suis reçue par Alexia, mais également Angela, Mathieu et une directrice artistique de la maison de disques Universal. Une surprise totale. Un peu flippante même tant ils me regardent de haut en bas. Pour la peine, j'en fais autant.

Alexia m'explique le concept de l'émission, dont la diffusion débute dans un mois à peine. Des candidats préalablement castés – dont certains chantent bien tandis que d'autres affichent surtout de fortes personnalités –, un château, des profs dans chacune des disciplines proposées, des caméras dans chaque pièce, une quotidienne s'étalant sur onze semaines, et des « primes » chaque samedi. Le but ? Les voir progresser durant les cours et les faire bosser et répéter afin qu'ils parviennent à chanter avec un artiste professionnel lors des « primes ».

L'idée me paraît très intéressante puisqu'il est question de musique, d'artistes et de talent. Alexia me parle alors de son souhait d'ajouter un professeur de comédie à l'équipe. Et moi je lui explique ma façon un peu particulière de travailler avec de jeunes chanteurs, une méthode mariant exercices de comédie, travail des émotions, choix pertinent de la chanson, occupation efficace de la scène, écoute que je me dois d'avoir (afin de les cerner plus rapidement pour adapter mon travail) et débriefing indispensable.

J'ai l'impression que mes interlocuteurs accrochent assez bien à mes idées. Une heure après, je remonte dans ma voiture et on doit se rappeler dans la semaine.

57

Une sourde inquiétude me taraude. Plus j'y pense et plus je songe que ma façon de dire les choses, de conseiller certains exercices bizarroïdes et de fouiller dans la personnalité de mes futurs élèves risque de mal passer à la télé. Je connais le principe des montages, leur façon d'orienter la perception des spectateurs, et je ne tiens pas à ce qu'on me reconnaisse dans la rue. Comme je ne pourrai pas « faire genre » sous prétexte qu'il y a des caméras, je rentre donc chez moi décidée à refuser d'entamer cette aventure. Trop de risques et pas assez de maîtrise des événements.

*

Mais, mon « bienfaiteur », à l'écoute de mon compte rendu, paraît tellement fier de moi que j'en suis touchée. Très excité à l'idée que je puisse faire connaître mon travail, il se révèle bien plus confiant quant au bon déroulement de l'émission. Son enthousiasme le rend tellement mignon... Comment avoir des doutes sur une personne qui me couvre d'un coup de câlins et tente de m'encourager ? Je me dis que par moments ça ne tourne vraiment pas très rond dans ma tête, qu'il faut que je cesse de me focaliser sur les points difficiles et que je perçoive enfin toute la générosité dont il est capable à mon égard.

Quant à ma mère, que j'appelle afin de lui raconter le rendez-vous, elle se montre tout aussi emballée et m'encourage vivement à accepter.

Du coup, je me sens un peu seule avec mes réticences et ma sourde envie de refuser. Mon instinct doit encore se tromper et ma peur de l'inconnu me rendre frileuse.

*

Quelques jours plus tard, Alexia me rappelle comme convenu. Et j'accepte de devenir professeur d'expression scénique au château de ce qui va s'appeler la *Star Academy*.

58

D'emblée, je me retrouve dans le bain. Et pas n'importe lequel, un grand avec vagues, remous et surprises. Ainsi, à peine ai-je donné mon accord que les séances photo s'enchaînent, agrémentées d'interviews auxquelles je ne sais pas vraiment répondre compte tenu du peu d'infos que la production m'a données. Je ne connais ni les élèves ni mon emploi du temps et je n'ai même pas reçu un contrat sur lequel je pourrais m'appuyer pour tenter de mieux appréhender le principe de cette émission. Mais je me rattache à la garantie apaisante d'aller simplement y faire mon travail, ce qui modère un peu mes ardeurs. Autre sujet de préoccupation à ne pas négliger : ma garde-robe. N'étant absolument pas adepte des séances de shopping et aimant par-dessus tout mes vieux jeans, je sais néanmoins avoir des efforts à fournir sur ce point. Après tout, je vais passer à la télé !

*

Samedi 20 octobre 2001, 16 h 00 : j'arrive sur le plateau de la *Star Academy*. J'ai un peu l'habitude des tournages mais là je suis éberluée : jamais je n'ai vu autant de monde travailler sur une émission.

Une assistante me réceptionne et me conduit jusqu'à ma loge. Sur la porte de laquelle est inscrit « Profs ». Deuxième choc : la petite pièce, remplie de sacs et de housses dans lesquelles doivent être protégés les habits de lumière de mes futurs collègues, baigne dans une chaleur étouffante.

Je tente de trouver une petite place pour poser mes affaires quand on frappe à la porte déjà ouverte :

— Bonjour, je suis Armande Altaï.

— Enchantée, moi c'est Raphaëlle. Vous êtes la prof de chant d'après ce que j'ai compris ?

— Oui, et vous ?

— Moi je vais m'occuper de l'interprétation, des émotions et du travail scénique... Prof d'expression scénique quoi !

— Parfait ! c'est très bien. Il fait une chaleur ici !

— Oui, c'est ce que je me disais et la taille de notre loge n'arrange pas les choses...

Sur ce, Armande extrait un grand poudrier de son sac et se refait une beauté devant le miroir. Sa poudre me paraît si blanche que je me demande comment son visage de lait va passer à l'image...

*

C'est ensuite au tour de Kamel d'apparaître. Lui, je le connais depuis *Les Dix Commandements* et suis ravie de le retrouver. La production m'avait parlé de Redha, mais ce prof de danse se trouvant au Canada, je lui avais suggéré Kamel qu'Angela connaissait également.

*

Nous voilà donc, les trois profs principaux, à échanger sur nos premières impressions. D'après Kamel, le plateau est joli ; de l'avis d'Armande, il y a trop de monde et de bruit ; de mon côté, je trouve seulement que la chaleur est accablante.

Cette conversation « profonde » reflète l'inquiétude que chacun de nous ressent. Nous ignorons tout des élèves sélectionnés, de leur nombre, du déroulement de l'émission et du château dans lequel nous allons pourtant travailler durant onze semaines. Je ne suis non plus pas la seule à ne pas avoir signé de contrat. Ça me rassure ! Je commence à penser que si tout est de la même veine, nous ne serons pas à l'abri de grosses surprises !

*

On frappe de nouveau. Un assistant m'emmène à la loge maquillage. Vingt minutes plus tard, je réapparais « barbouillée » pour passer à la télé.

Concernant la coiffure, je préfère me débrouiller seule. J'ai pris soin de venir avec mon séchoir et ma brosse afin de raidir mes cinq centimètres capillaires et les « discipliner » dans un désordre vaguement travaillé, à l'aide d'une wax adaptée.

*

Chacun se prépare comme il peut dans un brouhaha plutôt stressant.

Le régisseur plateau nous informe enfin du déroulement de l'émission, indiquant le moment où nous devrons faire notre entrée ainsi que les places à prendre. Armande, elle, nous fait part de son inquiétude : comment descendre les trois marches prévues avec ses 78 cm de talon ! (Non, non, je n'exagère pas…)

Nous avons également droit à la visite d'Alexia, directrice de l'*Academy* et – surtout – à la base de ce projet. Je la trouve assez marrante avec son côté à la fois speed-calme et son air de maîtriser le programme sur le bout des doigts. Pas de doute : la télé est un vrai métier. Et même s'il ne s'agit pas du mien, je vais devoir l'apprivoiser un minimum.

*

On frappe encore :

— Bonsoir, mesdames et messieurs les professeurs !

— Bonsoir monsieur… Qui êtes-vous ? s'enquit Armande tandis que je pouffe de rire.

— Oh, je dirige une petite chaîne de télévision et je voulais vous souhaiter la bienvenue dans cette extraordinaire nouvelle aventure.

— Merci beaucoup !

Kamel et moi connaissons déjà Étienne Mougeotte, à l'inverse d'Armande qui semble vraiment vivre sur une planète particulière. Avec elle, au moins, ça ne va pas être triste !

59

À 20 h 30, tout s'accélère. On nous rassemble, dirige vers les coulisses du plateau, équipe en micros et conseille de ne pas bouger.

Autour de nous, c'est la guerre. Les uns crient pendant que d'autres courent et personne n'a l'air de comprendre ce qu'il se passe. Nikos, le présentateur, nous rejoint afin de nous saluer et encourager. Il ne doit pas être super rassuré en découvrant nos têtes hébétées par le stress ambiant. Lui, en attendant, très concentré, paraît d'un calme olympien. Quand je dis que c'est un métier...

On revient vers nous. Le conducteur a changé : nous ne ferons pas d'entrée. Armande est soulagée !

*

L'émission commence. Le public applaudit. Nikos explique le principe, Florent Pagny fait son entrée sur le plateau en tant que parrain de l'émission et sous les hurlements des fans. Des sujets-magnéto sont diffusés afin de présenter certains élèves et le château... Je ne comprends pas grand-chose tant il y a de bruit et ma capacité à engranger autant d'informations se voit largement dépassée. Je me mets en fait en position « veille », convaincue que je comprendrai certainement un peu plus tard.

*

Puis un nombre impressionnant d'élèves surgit sur le plateau. On m'avait parlé d'une quinzaine, là ils sont au minimum le double ! Certains arborent des foulards blancs et d'autres, des bleus. Bon, c'est joli, mais je ne saisis pas à quoi ils servent. Je me demande de plus en plus ce que je fais là : j'aurais vraiment mieux fait d'écouter ma petite voix.

Parmi les apprentis chanteurs, l'un attire mon attention grâce à sa coiffure « j'en ai marre d'la vie ». Lui aussi semble se demander ce qu'il est venu faire ici. J'en souris. Si sa musique, son comportement et sa personnalité sont à la hauteur du charisme qu'il dégage, j'ai hâte de travailler avec lui. J'apprendrai un peu plus tard qu'il se prénomme Patrice.

*

La fin de l'émission approche. Kamel, Armande et moi avons dû prononcer treize mots en tout et pour tout. Les « foulards » blancs ayant été éliminés, les bleus deviennent donc nos futurs élèves.

60

8 h 00 du matin devant la grille du château de Dammarie-Les-Lys. Je décline mon identité aux agents de sécurité accompagnés de toutous muselés et la barrière se lève pour me laisser passer.

À partir de cet instant, j'entre dans Disneyland ! Et m'enfonce dans la partie boisée des cinq hectares de terrain dépendant du château. Les couleurs d'automne sont magnifiques et je baisse ma vitre afin d'écouter les bruits de la forêt. La route privative goudronnée m'amène au parking des profs, derrière une annexe où logent les bureaux de la production.

Après avoir monté les quelques marches conduisant à l'accueil, je retrouve Alexia, Armande et Kamel, rassurée de constater à leurs têtes qu'ils n'ont pas plus dormi que moi.

Alexia nous dévoile le déroulé de la matinée : présentation des profs aux élèves dans la salle de danse, explication des emplois du temps et premier cours pour chacun d'entre nous. Mon cœur bat très vite et mes mains sont moites : c'est bon signe !

*

Un bureau-loge est mis à notre disposition pour entreposer nos affaires et nous rencontrer régulièrement afin de dresser des bilans de notre travail. Nous nous équipons de nos micros HF respectifs et suivons Alexia qui nous détaille rapidement, en chemin, le dispositif des caméras et les règles relatives à ce que nous avons le droit de dire ou pas. Je savais qu'il ne fallait citer aucune marque, en revanche j'ignorais que nous ne pouvions en aucun cas faire référence aux événements extérieurs. Pas d'actualité, pas de rumeurs (zut alors !) et surtout aucune info concernant le déroulement de l'émission, la programmation des artistes pour les primes ni ce qui se dit lors de nos réunions. Je comprends mais je me connais un peu aussi : j'espère donc que je ne commettrai pas de gaffe.

Nous débouchons dans un passage souterrain menant à la régie installée sous le château. Un « tunnel secret » qui nous permettra d'aller vers nos salles respectives les jours de pluie sans nous montrer. Armande, elle, n'a pas l'air d'apprécier l'idée.

— Oh là là, il y a trop d'humidité dans ce boyau, je vais attraper des champignons sur mes cordes vocales, dit-elle.

Je ne la connaissais pas celle-là et me réjouis – à l'avance – d'en apprendre à ses côtés, Armande me fait beaucoup rire !

*

Un petit portail donnant sur le parc du château nous barre la route. C'est presque le clap du « Moteur » au cinéma : quand on le franchit, c'est que l'on entre dans l'arène.

Ma gorge se serre à la vue du panorama splendide. Une allée gravillonnée serpente jusqu'au château. Armande râle un peu en songeant aux talons hauts de ses bottines, certainement abîmés d'ici la fin de la journée, mais nous avançons maintenant sur la pelouse donnant sur un petit étang en contrebas, qui lui-même offre une belle vue sur la campagne seine-et-marnaise. Je n'en crois pas mes yeux. J'ai même un peu de mal à respirer tant mon émotion grandit. Travailler dans ces conditions est unique et n'arrive à personne en temps normal. Je prends dès lors conscience que cette nouvelle aventure n'a vraiment rien de « classique ».

*

Dans la salle de danse, les élèves nous attendent déjà.

Djalil, Amandine, François, Jean-Pascal, Patrice, Jessica, Jenifer, Cécile, Grégory, Mario, Olivia, Sidonie, Stéphane, Khalifa et Carine… Ils sont quinze et je me demande comment je vais parvenir à retenir leurs prénoms en moins de deux mois. Il faut que je demande à la prod un trombinoscope.

Pendant le discours de bienvenue d'Alexia, je scrute mes « petits » sous tous les angles. Je suis impressionnée par la diversité de mes nouveaux étudiants. Certains ont l'air très jeune, d'autres semblent particulièrement speed et j'en remarque un ou deux qui viennent à peine de se réveiller.

Le coiffé « j'en ai marre d'la vie » se demande encore ce qu'il fait là. Celui qui a la tête « pied nu » est surexcité et acquiesce à chaque fin de phrase d'Alexia comme si le discours ne s'adressait qu'à lui.

Il m'énerve d'avance.

*

C'est mon tour de me présenter et d'expliquer notre travail commun. Je prends une grande inspiration et les regarde droit dans les yeux :

— Bonjour, je m'appelle Raphaëlle et je suis votre prof d'expression scénique.

Ce terme ne signifie sûrement pas grand-chose pour eux mais il a bien fallu trouver un intitulé à ma discipline qui ne rentre pas dans les cases.

— Nous allons travailler ensemble sur l'interprétation de vos chansons, les émotions, l'occupation de l'espace, le point de regard… Et ce boulot passera par des exercices ludiques et des chansons que vous choisirez de m'interpréter…

Silence.

— J'ai également proposé à la production d'effectuer un débriefing des primes en visionnant vos prestations chaque dimanche ensemble afin d'étudier en détail les améliorations à effectuer la semaine suivante.

Toujours muettes, mes ouailles.

— Nous aurons trois cours par semaine. Le premier servira aux exercices bizarroïdes que je vous réserve et j'espère que vous ferez preuve d'imagination ! Dans cette séance, je vous conseille de venir habillés à la cool, sans ceinture ni talons hauts s'il vous plaît. Il faut que vous soyez à l'aise car je vais vous mélanger dans tous les sens !

R.A.S. Juste un sourire de surprise ici et là.

— Le second sera réservé à l'interprétation de votre chanson. Vous choisirez celle que vous voudrez. Si vous êtes auteur-compositeur, cela m'intéresse. Pour ceux qui se lanceront dans les reprises, je préfère travailler en français, ensuite à vous de faire le bon choix. Essayez d'établir la différence entre ce que vous êtes capable de chanter et les airs que vous aimez : il existe souvent un sacré fossé entre les deux !

Leur intérêt se renforce.

— Le troisième cours, enfin, sera réservé aux répétitions des chansons du prime. Durant cette séance, je compte sur vous pour mettre en pratique ce que nous aurons bossé durant la semaine. J'attends une réponse de la production afin de voir si un débriefe est possible à mettre en place très rapidement. Dans ce cas, nous nous verrons aussi le dimanche matin, lendemain de votre prime. Youpi ?

Toujours pas de réaction bruyante. Ils ont aussi peur que moi.

— J'ai aussi à vous faire part dès maintenant de quelques petits principes de base. Je m'appelle Raphaëlle mais, comme je trouve ça trop long, vous pouvez m'appeler Raphie. Je vais vous tutoyer, non par manque de respect mais parce que je trouve ça plus convivial et que j'ai besoin d'un rapprochement rapide avec vous. Nous avons peu de temps et plus vite je ferai votre connaissance, mieux je parviendrai à adapter mon travail à vos personnalités. J'attends donc que vous me tutoyiez en retour. Et puis, il ne faut pas déconner : je n'ai que trente ans alors merci de garder vos « Madame » pour quelqu'un d'autre si vous ne tenez pas à ce que je devienne désagréable !

Ah, enfin il y en a qui ricanent.

— Une dernière chose : on arrive tous à l'heure au cours, bien évidemment. J'aurai le respect d'être là au moment de la sonnerie, j'attends de vous la même chose. En cas de retard, je n'accepterai personne, même si vous venez de vous casser un ongle ou avez perdu une chaussette, On connaît tous de gros problèmes dans la vie mais le travail, c'est le travail ! Pour le reste, on verra au fur et à mesure. Sachez en tout cas que je suis ravie d'entamer cette aventure avec vous. Et que je fourmille d'idées concernant notre future collaboration. À tout de suite pour notre premier cours...

J'ai la bouche sèche, l'impression d'avoir été en apnée durant tout le speech et reprends une grande respiration... Ouf, pour moi le plus dur est passé.

*

C'est toujours compliqué de se présenter devant un auditoire, mais je suis soulagée : ils m'ont écoutée, je l'ai vu dans leurs yeux.

La présentation des autres professeurs terminée, je reste avec les élèves dans la salle. Et j'entre illico dans le vif du sujet.

— Je vous ai parlé de vite faire connaissance afin d'adapter mon travail en fonction de votre personnalité. Pour cela, je vais brièvement vous décrire mon parcours afin que vous sachiez un peu à qui vous avez à faire, ce qui me paraît être le minimum. J'ai toujours évolué dans le milieu artistique, et plus particulièrement la musique. J'ai voulu connaître le plus de postes possible, que ce soit en production, danse, chant, comédie, conception lumière pour des spectacles, sur scène, en studio... Enfin bref, j'ai un peu roulé ma bosse. J'ai commencé à donner des cours voilà cinq ans dans une école de spectacle. Je sais aussi ce que représente émotionnellement le fait de monter sur scène, la difficulté à interpréter une chanson et oser se dévoiler devant un public. Si vous avez entrepris la démarche de venir ici, c'est que vous avez quelque chose à donner... Enfin je l'espère ! Je vous propose donc de travailler ensemble dans ce sens, et de trouver tous les moyens susceptibles d'améliorer vos prestations. Car on peut toujours mieux faire que la veille et parce que si vous, vous avez l'impression d'avoir été au top, peut-être que ce sentiment ne sera pas arrivé jusqu'à nous. C'est ce que je souhaite travailler avec vous durant ces onze semaines. Si vous n'avez pas de questions, je vais donc vous demander de vous présenter à votre tour, un par un, de raconter votre parcours et la raison de votre présence ici.

*

L'heure et demie où chacun raconte sa vie est passionnante. Je note les mots résumant les motivations et les traits de caractère des uns et des autres. Dans ce genre d'exercice, à partir d'une requête de présentation simple, on reçoit souvent des détails d'une scène de vie ou des évocations utiles d'un membre de la famille. Il m'est important de consigner ces menues « déviations » révélatrices.

En sortant de la salle de danse, je file vers les bureaux faire le point. Alexia a l'air contente et me donne rendez-vous pour le lendemain, qui sera mon premier vrai cours. Son bureau se trouve juste à côté du nôtre, sauf que, dans le sien, des ribambelles de téléviseurs suivent les moindres faits et gestes du château. Elle-même jongle avec des écrans, les téléphones qui n'arrêtent pas de sonner, son ordinateur et les assistants s'affairant autour d'elle. Working girl !

61

En revenant chez moi, je repense à ce qui a été dit. Pour en apprendre plus, mieux vaut m'abonner à la chaîne satellite qui retransmet les aventures des élèves vingt-quatre heures sur vingt-quatre. De sorte que, quand je ne suis pas sur place, j'y suis quand même… Et je prends des notes sur chacun, les observe scrupuleusement, engrange les informations nécessaires à mon approche psychologique.

*

Jessica attire mon attention. Sa façon de s'exprimer ne la rend pas spécialement classe mais elle dégage une fragilité et une spontanéité qui me touchent. Jean-Pascal, lui, me fait rire à sans cesse chercher une connerie à faire ou à dire. Et comme les autres ont l'air de bien accrocher avec lui, il impose sa présence. Une émission qui a aussi l'avantage de m'éviter de prêter trop attention à la tension qui règne désormais à la maison.

*

Pour mon premier cours, j'ai préparé pour mes élèves des exercices aux petits oignons. Objectif : évaluer leurs capacités d'imagination, donnée indispensable pour bien interpréter un texte qu'ils n'ont pas écrit mais qu'ils devront s'approprier. Le

« jeu » s'appelle « mets-toi dans la peau de... » Et s'il fait beaucoup rire, il permet surtout au corps de se libérer de ses gestes habituels et de faire galoper l'imaginaire. Les garçons y sont généralement plus forts, parce qu'ils osent plus facilement que les filles, lesquelles ont besoin de comprendre à quoi cela sert.

D'emblée, je devine les réticents qui pensent que mon but est de les ridiculiser devant les caméras pour produire des images cocasses. Afin de les rassurer sans perdre trop de temps à me justifier, je délivre quelques explications rassurantes. Résultat, Mario nous fait un « string » de toute beauté et Olivia se met dans la peau d'une très jolie guitare.

Puis vient le moment de travailler les émotions. À l'aide d'une phrase de leur choix, ils doivent exprimer la colère, l'amour, la tristesse, l'envie ou le désespoir. Cela paraît facile dit ainsi, mais c'est loin d'être le cas. Car je ne me satisfais pas de les voir banalement sourire pour exprimer le bonheur, non je veux qu'ils soient réellement heureux. Et, pour l'obtenir, le meilleur vecteur consiste à puiser dans leur mémoire et à laisser remonter la dernière fois où ils ont ressenti cette émotion. Or, contrairement à une idée reçue, il est plus aisé de se rappeler des mauvais moments que des bons. Comme il s'avère très compliqué d'accepter de replonger dedans pour exprimer un vrai désespoir ou une réelle colère. C'est toute la difficulté de l'interprétation qu'ils peuvent commencer ainsi à appréhender.

Or pour ceux qui produisaient uniquement des notes de musique grâce à leurs cordes vocales, comme François ou Carine, l'exercice se révèle compliqué. François, comme à son habitude, est branché sur deux mille volts, certes en phase mais ne perçoit pas pour autant ce que je lui demande. Il entend, mais ne sait pas écouter et paraît venu dans l'émission surtout pour qu'on le voit. Je sais alors que nous ne ferons rien de bien ensemble. Carine, en revanche, n'hésite pas à se remettre en question et parvient à faire la différence entre le travail et ce que je peux penser d'elle. De toute façon, chez moi, il me faut plus de temps pour que l'affectif s'en mêle. En attendant, je les teste afin de voir leur réaction et la confiance s'installe peu à peu.

*

L'une des élèves me semble bien rétive. Jessica est trop sur la défensive. Elle sent que je suis là pour fouiller un peu dans son histoire et me ferme la porte. Si ce blocage ne saute pas, nous ne pourrons avancer.

C'est pourquoi je demande à la voir en tête à tête afin de lui expliquer ma démarche et la rassurer : je n'agis pas pour les martyriser mais afin qu'ils réussissent à exprimer ce qu'ils sont. Après quelques minutes de discussion, je comprends vite qu'elle traîne un passé assez dur malgré son jeune âge. À fleur de peau, capable d'exploser à tout instant, j'ai presque l'impression, lorsqu'elle me parle, de m'entendre autrefois. Cette constatation m'aide à user naturellement des bons mots. Et le déclic intervient très vite entre nous. Reste que je dois la « protéger », lui servir de guide durant l'aventure tant il est hors de question pour moi qu'elle souffre de quoi que ce soit. Sa grande sensibilité constitue sa meilleure arme pour la scène, mais représente aussi sa plus grande ennemie en ce qui concerne ses relations avec les autres élèves. À moi de veiller au grain.

Soit, mais de mon côté, pourquoi n'ai-je pas quelqu'un qui prend garde à moi et me protège ?

Septième partie

AGRESSIONS

62

Drame familial. Pire, drame ménager ! Et claque dans la gueule.

Au bout de quelques jours, ayant enchaîné les trajets maison-château et château-maison, le quotidien me rappelle à l'ordre : il faut remplir le Frigo. Donc filer au supermarché.

Grosse surprise. Alors que je déambule avec mon Caddie dans les rayons, cette fois tout le monde me regarde. Je découvre alors la portée de cette émission. À croire que, même si les scores d'Audimat sont alors difficiles, le peu de gens qui regardent se sont donné rendez-vous au Carrefour près de chez moi ! Dans les allées, on m'observe sans vergogne comme si j'avais un gros poisson d'avril dans le dos.

*

Pire, j'entends même des réflexions dont le sens m'échappe :
— Regarde, c'est la peau de vache de *Star Academy* !
— Ouais, t'as vu sa gueule, on dirait un SS !
Les bras m'en tombent. C'est de moi qu'il s'agit ? Il doit y avoir une erreur. Pourquoi un SS ? À cause des cheveux courts ? Du ton sur lequel je parle aux élèves ? Et pourquoi peau de vache ? Comme Jess s'est mise à pleurer dans un de mes cours, les gens en déduisent-ils que c'est moi qui lui ai fait du mal ?

Mon estomac se noue plus que d'habitude, mais je poursuis mes courses. À la caisse, la gêne ne fait que croître : j'ai l'impression d'être un singe dans un zoo. C'est ma gorge qui se serre maintenant.

Ouf, la fin du calvaire approche : je me dépêche de ranger mes sacs dans le coffre et je file à la maison.

*

Qu'il n'y ait personne quand j'arrive ne me dérange pas. Vladimir part de plus en plus tôt pour son spectacle en laissant un bordel sans nom et Alexane n'est pas encore rentrée de l'école, mais tant mieux : je peux m'effondrer en larmes sans retenue ni pudeur gênée.

En regardant la quotidienne pour la première fois je réalise ce qui suscite ces réactions. Le montage présente les instants les plus délicats de mes cours, mes phrases choc se voient sorties de leur contexte donc gratuitement méchantes. Je prends alors la mesure du pouvoir d'un média comme la télévision et en conclus que la production cherche à me donner le mauvais rôle.

Comme je n'ai aucun droit de regard sur les montages, il faut que je me fasse à l'idée. Me terrer n'étant pas mon genre, je peux seulement mettre des lunettes pour cacher mes yeux pochés et boursouflés d'injustice !

Pourquoi tant de cruauté ?

*

La presse ne m'épargne pas non plus.

On me traite de méchante, de chanteuse frustrée, de jalouse, d'artiste ratée, on met en doute mes compétences professionnelles. Le seul « talent » que l'on m'octroie est celui de « fille » d'Alice Dona. Et certains « journalistes » se permettent même d'insinuer que c'est uniquement grâce à cela que j'ai été engagée.

Évidemment, mes proches m'expliquent qu'il ne faut pas prêter attention à ce genre de propos, ils me touchent et beaucoup. Car je ne suis absolument pas sûre qu'Alexia savait qui était ma mère lors de notre premier rendez-vous. Et même si elle ne l'ignorait pas, je doute que cette donnée ait pu avoir une influence sur son choix de me sélectionner. Enfin, si j'avais été la fille d'Alain Delon ou de Johnny Hallyday je ne dis pas que m'engager aurait eu un impact médiatique, mais franchement en quoi le nom de ma mère serait-il vendeur auprès du public de la *Star Academy* ?

Entre le stress de l'émission, les agressions qui l'entourent et l'atmosphère « pump it up » de la maison, ma descente aux enfers s'amorce.

63

Vladimir devient de plus en plus exécrable avec Alexane et moi. J'ai presque l'impression qu'il le fait exprès. Il ne range rien de ce qu'il dérange, nous parle mal quand il nous parle, pique des colères noires en cassant un à un les quelques objets souvenirs que je possède. Un matin, n'en pouvant plus, avant d'aller au château je lui laisse une lettre lui demandant de partir… Ce qu'il fait sans rechigner. Vais-je enfin avoir la paix ?

Mais rien ne va mieux. Contrairement à ce que je pensais, son départ n'arrange rien. Maintenant que je suis seule, je ne mange plus, ne dors que deux à trois heures par nuit, ne comprends rien à rien. Pire, j'ai peur de tout et de tout le monde. Pour essayer de garder la tête hors de l'eau, je m'accroche à ma fille et à mon travail.

Ce que je vis avec mes élèves est une expérience passionnante que personne ne peut m'enlever. Je tisse des liens très forts avec certains et ce qu'ils m'apportent durant nos échanges m'insuffle un peu de force et me donne envie de revenir le lendemain. À la maison, je ne fais que croiser Alexane tant nos emplois du temps respectifs concordent rarement. Cela me fait culpabiliser car s'il est un rôle auquel je tiens plus que tout, c'est bien celui de maman.

Toutefois, dès que nous avons quelques instants ensemble, nous dialoguons beaucoup. Je veux savoir comment elle va, ce qu'elle a fait dans la journée, comment est son moral et si

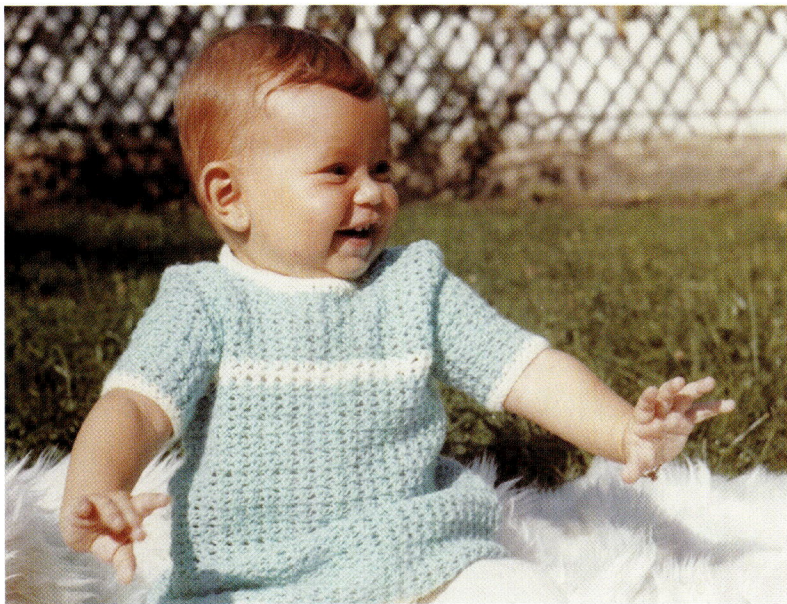

La fameuse « chorégraphie des mains ».

Déjà sur une voiture de course !

Au 1er rang, 2e en partant
de la gauche : heureuse
de couver la rougeole
aux côtés de Claude François !

Maman, Emmanuel, moi (si si !)
et papa.

Maman et sa « Bouboulina ».

Un moment qui restera
dans l'histoire de la chanson française !

Notre maison des Bréviaires.

Avec Alexane, une complicité que je souhaite à tous les parents.

© Warrin / Sipa.

Les femmes de ma vie :
ma mère Alice et ma fille Alexane.

Alexane vient d'avoir son bac,
Laurent nous a rejointes pour fêter ça.

Ci-contre :

« Le gang des profs
de la *Star Academy 3* »
avec Armande Altaï, Oscar Sisto
et notre directrice, Nathalie André.

Le jury de la *Star Academy 6*
avec Kamel Ouali et Richard Cross.

Avec Nathalie André
et Matthieu Gonet.

Moment de douceur
avec mon Quentin,
grand gagnant de la 7ᵉ saison.

Lors d'un after-prime avec
(de gauche à droite) Jeremy,
Quentin, Claire-Marie, Lucie,
Bertrand et Mathieu, mes «petits»
de la 7ᵉ édition.

Avec M. Johnny Hallyday,
mon nouvel ami que je tutoie!

Ci-contre:

Lors du Rallye Aïcha
des Gazelles 2008. Tankée
sur une herbe à chameau,
il faut sortir les pelles
maintenant… mais quel décor!

Avec mon idole, le vénérable
et quadruple champion
du monde de Formule 1,
M. Alain Prost.

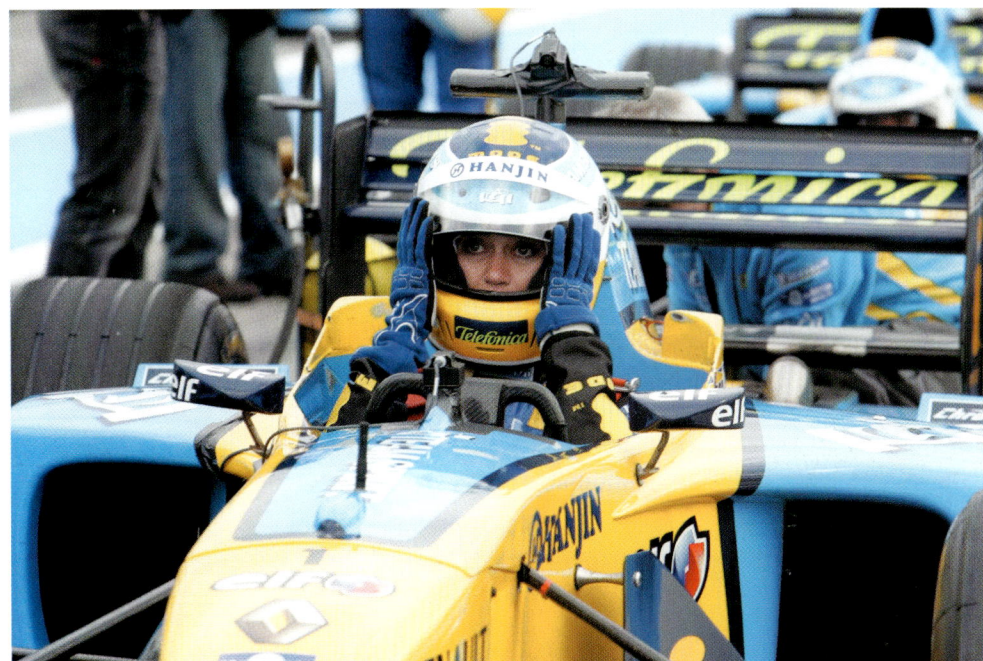

Sur le circuit du Castellet pour un stage de F1, je la ramène beaucoup moins ce jour-là !

Parce que quoi qu'il arrive, la vie est belle…

l'on ne l'ennuie pas trop à l'école à cause de sa « méchante » maman…

Alexane me dit que ça va mais je sens le contraire et comme je suis totalement dépassée par les événements, je ne sais quoi faire pour la rassurer tant je ne le suis pas moi-même.

*

Dimanche, débriefing au château. Je me sens très mal. Je tremble. Et cela s'entend dans ma voix. Alors je limite mes paroles à l'essentiel et je me cache derrière mes lunettes bleues. Mes yeux me font mal tant je fais des efforts pour retenir les larmes qui ne demandent qu'à couler. Un état qui n'échappe à personne sur place. Olivia vient ainsi me voir à la fin du cours :

— Ça va ? Tu n'as pas l'air en grande forme…

— J'ai connu mieux mais je m'accroche. Petits soucis perso…

— Il faut que tu manges, hein, j'ai l'impression que tu maigris de jour en jour.

— Je sais mais je n'ai pas très faim en ce moment. Ne t'inquiète pas, ça va aller…

Je lui fais une grosse bise, dépose mon micro au bureau et me sauve le plus vite possible pour pleurer dans ma voiture. Je n'en peux plus de me retenir.

*

À la maison, je décide de me peser, chose assez rare depuis mon divorce, signe que quelque chose ne va pas puisque j'ai toujours utilisé la balance si je sentais que j'avais des kilos en trop. Cette fois, l'aiguille indique quarante-huit kilos. Et mon miroir me renvoie l'image inquiétante d'une asperge d'un mètre soixante-quatorze maigrichonne au ventre creux. J'ai l'impression d'être qu'un sac d'os. Pas de doute, même si je n'en ai aucune envie, il faut vraiment que je mange. Alors je me force. Hélas, je suis tellement nouée et tendue par le programme et ma vie familiale qu'après deux bouchées je suis obligée de courir aux toilettes. Anorexie dépressive.

C'est seulement en présence de ma fille ou de personnes de la prod que j'arrive à grignoter quelques gâteaux et sucreries. Dès que je suis seule, rien ne passe. Je commence à comprendre que je suis littéralement en train de me laisser mourir, ne disposant de plus la moindre force mentale pour tenter de reprendre le dessus.

Le pire ? Mon mec – enfin mon nouvel ex – vit maintenant une histoire avec l'une des danseuses de sa compagnie – tant mieux pour lui –, mais cela me fait mal. Quand je lui en avais parlé, il n'avait fait que conforter ce que j'avais deviné mais le choc avait été rude. J'en avais reçu plein la figure. J'étais possessive, jalouse, voyais le mal partout.

Savoir qu'à peine parti de la maison il se met aussitôt avec une autre fille, donne un sacré coup à mon ego. Déjà pas au top…

64

Les médias se déchaînent sur l'émission, l'Audimat explose et la *Star Academy* se transforme en phénomène audiovisuel sans précédent. D'innombrables forums de discussions sur le Net passent les cours à la moulinette. Les internautes balancent des horreurs sur certains élèves. Quant à moi, il ne fait plus aucun doute que le public me déteste. Circulent même des pétitions voulant que la production me renvoie. Je n'en crois pas mes yeux.

Suite à la panique que ces agressions engendrent, Alexia me rassure : ils n'ont aucun problème avec moi, trouvent mes cours intéressants. Et d'ajouter que les internautes constituent une infime partie des téléspectateurs. Je lui fais confiance ; la télé n'est-ce pas son domaine ?

*

Pour les fêtes de fin d'année, je suis dans un état pitoyable mais debout. Je lutte dès qu'il y a du monde pour tenter de cacher le désespoir avec lequel je cohabite désormais. Sont-ils dupes ?

22 décembre. Il serait temps que je m'énerve un peu : aucun cadeau de Noël n'a été acheté. Maman organise le réveillon chez elle, mon frère et ma belle-sœur y seront ainsi que mon grand-père et sa nouvelle « copine », car ma grand-mère nous a quittés il y a deux ans d'un cancer foudroyant. Plus les

parents de Lolo. Moi, je les rejoindrai dès que j'aurai terminé au château. Mais au moins dois-je apporter des paquets.

Direction, mon centre commercial habituel. Ou il y a un monde fou. Vraiment « fou » d'ailleurs. À tel point que je ne prête pas attention aux vannes que l'on m'envoie – à distance of course – sous peine de passer mon temps à me justifier ou à me battre. Et je viens de passer la caisse avec tous mes paquets – dont une partie pour mes élèves encore au château – quand un groupe de jeunes me prend à parti :

— Ouais t'as vu, c'est la meuf de la Star'Ac !

— Ah ouais, celle qui fait pleurer tout l'monde

— La musiiiiique ! Ouais la musiiiiique... Allez m'dame, tu m'prends dans ton château, moi chui pas un connard comme le Jean-Pascal là !

Ils sont cinq ou six et se mettent à me coller d'un peu trop près. Poliment, je leur demande de me laisser tranquille. Apparemment, ma requête ne plaît pas à l'un d'entre eux qui prend violemment un de mes sacs et le piétine... Là, je me fâche franchement mais un autre saisit la capuche de ma parka. Pas de doute, ils veulent me faire la peau.

Deux agents de sécurité du magasin interviennent heureusement assez vite. La foule s'est amassée pour assister au spectacle. L'un des agents, qui me prend par le bras afin de m'accompagner jusqu'à ma voiture, me lance :

— Vous cherchez les problèmes, madame !

— Pardon ?

— Vous pourriez faire vos courses ailleurs que dans un supermarché quand même !

— Ah bon ? Et pourquoi ?

— Parce que tout le monde vous reconnaît ! Vous voyez bien le bazar que vous provoquez !

Oui je le vois bien, mais je venais ici avant de passer à la télé, et il est hors de question de changer mes habitudes à cause de sombres crétins.

*

Sur le trajet du retour, j'appelle la production pour raconter l'aventure. Je demande à Alexia de calmer un peu les montages hard me concernant. Je n'ai aucune envie de risquer ma peau parce que je participe à une émission de télévision ! Elle m'écoute, me comprend mais me répond qu'on ne peut rien contre la connerie des gens… Et ajoute qu'Armande et Kamel, eux, ne rencontrent aucun problème.

L'argument ajoute un peu d'huile sur mon feu. Suis-je à l'origine d'un « on récolte ce que l'on sème » ? Devrais-je me terrer et changer mes habitudes ? Kamel et Armande ne vont peut-être pas, en effet, faire leurs courses dans un supermarché en grande banlieue parisienne. OK, mais Kamel est plutôt mignon, plaît beaucoup aux filles, donc il a un bon rôle. Quant à Armande, elle est sur une autre planète et tient le rôle de la gentille maman protectrice auprès des élèves. À moi donc de supporter la provocation et les réflexions désobligeantes destinées à voir si « la grande gueule » du château est vraiment comme à la télé ?

65

Le courrier des téléspectateurs est-il moins tendre ? Des paquets de lettres, envoyées à TF1 directement ou à l'adresse même du château, nous sont redistribués. Je n'ai pas envie d'ouvrir ces missives, craignant trop ce que je vais y lire. Mais comme j'ai toujours vu ma mère répondre à tout le monde, même si elle n'a jamais suscité autant « d'engouement » brusquement, je me dois quand même d'ouvrir les enveloppes une à une. Et le calvaire continue.

*

Dans la série « prends ça dans les dents », c'est à nouveau ma fête. À part deux ou trois courriers sympathiques, le reste persiste à me faire mal. « La dictature que vous infligez à vos élèves est scandaleuse ! » dit l'une ; « vous devez être bien malheureuse pour agir ainsi », ajoute l'autre. « Ce n'est pas parce que vous avez raté votre vocation qu'il faut s'en prendre aux autres », persifle quelqu'un. « Votre vulgarité est insupportable ! » ; « Vous êtes laide et votre méchanceté se lit sur votre visage » ; « Si vous avez des enfants, je les plains ! » ; « Votre langage n'est pas un exemple » ; « Ce n'est pas parce que vous êtes la fille d'Alice Dona qu'il faut vous croire tout permis ! » ; « Vous devriez avoir honte de vivre ! »… Quant à la phrase la plus terrible, je suis bien obligée de la lire : « Je vous souhaite de crever, vous et toute votre famille ! »

Ces tombereaux de violence m'effraient et m'interpellent. Par quel cheminement mental en arrive-t-on à prendre sur son temps pour écrire des horreurs à quelqu'un que l'on croit connaître via la télévision ? Suis-je si terrible ? Si horrible ? Certes je ne suis pas particulièrement heureuse dans ma vie mais je n'ai pas pour autant l'impression de le faire payer aux élèves. J'accomplis juste mon travail, comme j'ai vu mon père le faire avec ses artistes et comme un entraîneur le pratique avec ses sportifs. Mais comment faire comprendre ces subtilités à des personnes qui jugent sans savoir ?

*

Ma décision est prise de ne pas répondre à ces attaques injustifiées tant, de mon côté, je sais la nature des relations que j'entretiens avec les candidats. À part un ou deux, tous sont à l'écoute et me font confiance. Mieux, entre deux cours et une répétition, on se marre bien, moments hélas pas choisis pour être montrés dans la quotidienne. Et là réside le problème.

Durant les répétitions du prime, à la Plaine-Saint-Denis, je suis à leur côté, à l'écoute. Comme il n'y a pas forcément de caméra pour nous filmer, nous pouvons plus facilement dresser le bilan de la semaine écoulée. Je recueille leurs états d'âmes, entends leurs craintes, écoute leurs doutes, perçois qu'étant coupés du monde extérieur ils n'ont pas de recul et aucune idée de l'image qu'ils donnent. Il faut ajouter que la fatigue commence à se faire sentir chez eux aussi. Le rythme des journées de travail est soutenu et les nerfs mis à rude épreuve.

Dès lors, moi je sais la relation privilégiée que j'entretiens avec mes petits artistes. La preuve : dès qu'ils affrontent un problème, ils font appel à moi. Mais pourquoi me voit-on comme une méchante femme ? Pourquoi, aussi, ces perfidies me touchent-elles tant ? Et pourquoi ne réussis-je pas à passer outre ?

Parce que, en dehors de ce travail, toute confiance en moi a disparu. Totalement vulnérable, je me dénigre en permanence, pense « qu'il n'y a jamais de fumée sans feu », et que si le public réagit ainsi, ce n'est par hasard. Après tout, ma vie personnelle n'est-elle pas un fiasco total ?

Vladimir s'est d'ailleurs clairement exprimé à mon sujet, propos qui me correspondent vraisemblablement : « Tu n'es pas quelqu'un de bien ! »

66

Alexane ne va pas mieux. Elle entend à l'école des horreurs sur sa maman et vit ma brusque notoriété comme un ouragan dévastateur. Plus rien ne fonctionne chez nous. J'apprends même qu'elle s'automutile. J'essaye bien de discuter avec elle, de la rassurer, mais ne l'étant pas moi-même le message passe à moitié. Son père prend heureusement le relais dans ces moments-là.

*

Le lendemain d'un jour de l'an que j'ai passé seule à la maison, Vladimir m'envoie un mail : il souhaite reprendre contact avec moi. La tentative m'ébranle. Mieux : il m'invite dans un restaurant parisien. Fébrile et fragilisée par nos semaines de séparation, je me sens si seule et détestée que je suis prête à accepter n'importe quoi de lui. Mon cerveau cogite : c'est un bel homme, il évolue dans le monde de la danse, a du talent et sait être adorable. Pourquoi m'en priver ? Si je me montre moins exigeante, les choses se passeront peut-être mieux ? Et j'accepte.

Durant le repas, il m'offre une jolie montre et m'avoue qu'il m'aime encore. Je me mets à pleurer tant ses propos, apparemment sincères, me touchent. Et me rassurent aussi un peu. D'un commun accord, nous repartons donc pour la vie commune, je reste ouverte sur l'avenir qui me redonne un peu d'assurance pour achever cette saison de *Star Academy*.

*

De fait, Vladimir est bien plus calme. Ce qui me conforte dans ma décision de revivre avec lui. Et quand il décide alors de quitter sa compagnie afin d'être plus disponible pour nous, je trouve la démarche rassurante.

Il explique aussi souhaiter travailler sur son premier spectacle. L'argent ? Pas de problème. Il en a suffisamment amassé pour ne pas être salarié durant quelques mois. À ce sujet, il souhaite d'ailleurs que nous ouvrions un compte joint histoire de participer aux frais quotidiens. Il fera un virement régulier et je ne serai plus la seule à tout assumer. Décidément, il a changé. Et voilà qui augure d'un plus bel avenir.

Un bonheur n'arrivant jamais seul, mon stress et mes angoisses s'apaisent peu à peu. Quelqu'un m'aime donc je reprends un peu confiance. Une pause pleine de bonnes résolutions qui va s'avérer de trop courte durée.

67

12 janvier 2002, grand soir de la finale de Star'Ac, première édition. Jenifer et Mario s'affrontent, heureux élus du public votant. Tout le monde est crevé mais fier du travail fourni. Il règne une ambiance de fête dans les coulisses et les loges. D'ailleurs, une grande soirée aura lieu dès la fin de l'émission dans une célèbre boîte de nuit parisienne.

La victoire de Jenifer est émouvante, ainsi que les reportages retraçant les péripéties de la saison. Tous les élèves sont réunis sur le plateau et les larmes glissent des yeux de chacun.

Deux mois et demi de boulot, de rires, de pleurs, de doutes et de fatigue se terminent ce soir.

*

À la boîte, il y a une foule incroyable. Toutes les personnes ayant travaillé sur l'émission ont été invitées, aussi, je peine à me frayer un chemin jusqu'à l'espace réservé aux élèves. Vladimir est censé me rejoindre. Quelques minutes après mon arrivée, Kamel vient d'ailleurs me prévenir qu'il l'a croisé :

— Il t'a cherchée mais comme il ne t'a pas trouvée, il est parti. Il avait l'air furieux !

Et voilà ! La boule dans l'estomac refait immédiatement surface. Je récupère mon sac et l'appelle :

— T'es où ?

— J'me casse, elle craint ta soirée !

— OK, mais t'es où ?

— En bas des Champs, je bois un verre avec Michel.

— Mais… tu ne viens pas ?

— Non ! Je t'ai dit qu'elle craignait ta soirée, t'es sourde ? Le connard à la grille a mis trois plombes à me laisser entrer ! Et toi, qu'est-ce que tu foutais : t'aurais pu m'attendre dehors !

— Je n'allais pas poireauter dehors comme une idiote alors que tout le monde entrait ! Pourquoi tu n'as pas demandé le carré réservé aux élèves, j'y étais ?

— Parce que tu me fais chier avec ta soirée de merde ! Éclate-toi bien ! bip… bip… bip…

Mais que se passe-t-il ? Pourquoi me parle-t-il ainsi ?

*

Je suis sonnée par cette réaction incompréhensible. L'excitation à l'idée de partager une soirée de fête avec tous mes camarades de jeu s'évanouit d'un coup. Mon estomac se serre à nouveau et la panique afflue, il faut que je m'en aille. Il m'a coupée dans mon élan et si je ne le rejoins pas, qui sait ce qui m'attendra à la maison. Merde. Les larmes me montent aux yeux. En allant chercher mes affaires, je suis tellement en colère que je ne dis au revoir à personne, refusant d'avoir à donner la moindre explication.

« Quelle conne. Il n'a pas changé et vient de foutre notre soirée en l'air parce que monsieur a été vexé qu'on ne veuille pas le laisser entrer dès son arrivée ! » me dis-je.

En parvenant au bas des Champs, je crains sa réaction et redoute l'état dans lequel il va être. Mais c'est un Vladimir calme et adorable que je retrouve au bar avec son pote. Comme si rien ne s'était passé, il m'offre une coupe de champagne dans un large sourire :

— Tu as l'air énervé, qu'est-ce qui se passe ?

— Pardon ? Moi je parais énervée ? Tu veux que je te fasse entendre les six messages incendiaires que tu as laissés sur ma boîte vocale ? Tu te fiches de moi ou quoi ?

— Oh là là, calme-toi, c'est bon, arrête de bloquer sur des conneries ! Tu fais vraiment des histoires pour rien.

Alors évidemment, je passe pour une hystérique aux yeux de son pote, et lui, le sourire aux lèvres, maîtrise la situation. J'hallucine. Pire, j'ai l'impression de devenir folle, ne comprends rien à ses réactions et m'en veux de m'être privée de la soirée. Il a raison : je ne suis qu'une conne.

68

La spirale infernale ne cesse de nous engloutir. Puisqu'il me fait honte en public, je m'isole de plus en plus. Puisque je m'isole, je dois rentrer tôt pour éviter ses réactions. Et quand, dans un éclair de lucidité, je dis stop ou qu'il part de la maison, dans les quarante-huit heures qui suivent, l'un de nous craque et le « couple » se reforme. Un enfer que quelques amis décèlent, critiquent, mais je me refuse à voir la vérité en face par peur d'un nouvel échec affectif.

Car, désormais, je vis dans la peur d'être quittée, suis sûre d'être quelqu'un de mauvais, avec une fille mal élevée, une mère artiste ringarde, un père qui n'a pas été fichu de rester dans le métier, un frère passé à côté de sa vie de comédien, une France qui me déteste, autant de pensées horribles qu'il me met en tête, peu à peu. Et moi, isolée, à sa merci, je le crois. Et lui cède.

*

Vladimir a imposé un nouveau venu dans la maison, le joint !

S'il a pris soin, dans les premiers temps de notre cohabitation, de m'épargner cet « ami », celui-ci est assez vite venu prendre une place quotidienne. À l'en croire, il serait nécessaire à son bien-être et à sa réflexion sur sa vie professionnelle. Étant novice en la matière, je le laisse faire un temps. Mais quand je constate les effets physiques et psychologiques du joint chez lui, je monte au créneau. Ce qui crée de nouvelles disputes.

Décidément, je cherche les problèmes là où il n'y en a pas, s'agace-t-il. En quoi des herbes naturelles, prouvées moins nocives que l'alcool et possédant un pouvoir antidépresseur extraordinaire – c'est marqué sur Internet – seraient-elles à bannir. Et puis, c'est ça ou il fait ses valises. Je cède. Et lui de persifler que je persiste à faire des histoires pour rien, sans doute par ennui et pour faire marcher mon petit monde à la baguette. Je fume donc mon premier joint à trente-cinq ans, avec lui, histoire d'en voir « l'effet » et de ne pas sentir le décalage entre ma façon de penser ringarde et sa branchitude d'artiste en proie aux affres de la création. Beau résultat, nous nous retrouvons avec les yeux rouges et gonflés, bloqués dans nos canapés respectifs à regarder n'importe quoi à la télé ! N'importe quoi qui lui donne l'occasion d'éructer à nouveau, notamment contre tel ou tel « connard » chantant un tube dans une émission musicale « de merde », connards fréquemment sortis de la *Star Academy* cela va sans dire. Et moi, de plus en plus victime amorphe, je ne réagis pas.

*

Vladimir a une autre caractéristique : il se contredit tout le temps. Autant l'émission qui m'emploie est une vraie « daube » un jour, autant quarante-huit heures plus tard elle devient le programme de référence qui cartonne dans tout le pays. Des atermoiements que je gère avec peine. Et si, par miracle, j'ai un sursaut d'orgueil et lui demande d'arrêter d'émettre tant de vulgarités contre mes « petits », admettant être allé trop loin il sort le grand jeu du « cirage en tous genres » et devient le garçon le plus amoureux, le plus attentionné et le plus drôle qui soit. Alors, émerveillée, je fonds, trop heureuse de m'accrocher à cette facette. La spirale, vous dis-je.

69

Il faut dire que mes « petits » cartonnent quand lui n'en est qu'à l'enregistrement des titres sur lesquels il dansera dans son futur spectacle. Il a exigé les meilleurs musiciens – enfin les plus connus – et fait vivre un enfer à l'équipe. Comment je le sais ? Parce que je suis là !

Je n'ignore pas à quel point cet exercice peut s'avérer stressant, l'ayant vécu, entre autres, avec mes parents. Mais se comporter en enfant capricieux et autoritaire, ce n'est plus générer du stress, mais se comporter en dictateur ! Comme Vladimir n'est ni sûr de lui ni convaincu de ce qu'il veut comme arrangements, il nous demande de le savoir à sa place. Une méthode efficace : en cas d'insuccès, ce ne sera pas lui le responsable mais les « bras cassés » qui ont décidé pour lui. Une posture facile !

Et le pire, c'est que le spectacle ne se fera pas. Est-ce de sa faute ? Jamais. La responsable s'appelle une fois encore malchance !

*

L'enfer musical ouvre la porte à un cauchemar plus pénible que jamais pour moi, ma fille, mes amis et ma famille.

L'amertume et l'aigreur dont il fait preuve font le vide autour de nous. Il passe ses journées à fumer, à s'énerver contre tout et n'importe quoi, devenant si parano qu'il en invente des histoires. Clamant haut et fort l'injustice dont il est victime, il s'évertue à donner son avis sur tout un chacun sans recul ni pudeur. Odieux en intimité mais adorable dès qu'il y a du monde. Je ne peux raconter ce que j'endure pour obtenir un avis objectif tant il semble charmant, plein de vie et aux petits soins avec moi aux yeux des autres. Le piège est refermé.

*

Une nasse qu'il agrémente, en catimini, de virulence verbale. Quel est son exercice préféré, celui qui rend ses yeux brillants de plaisir ? S'énerver tout seul, pour un détail, faire monter la sauce et prendre soin de la déverser en ouvrant les fenêtres du jardin pour que les voisins entendent à quel point lui, l'homme du foyer, ne se laisse pas faire par sa femme, si conne soit-elle. Avec une kyrielle de propos outrageants, humiliants, abaissants. Genre : « T'es vraiment trop conne » ; « Fais gaffe, encore un mot et je pète tout dans ta baraque de merde » ; « C'est ta conne de fille ou moi, tu choisis ! » Propos auréolés de l'inéluctable : « Mais tu vas la fermer ta grande gueule ! »… éructé avec virulence et fracas d'un objet que je lui ai offert ou qui me tient à cœur. Quand j'évoque d'ailleurs cette violence verbale, il rit en argumentant que, puisqu'il n'a jamais frappé une femme, il n'est pas violent. Et d'ajouter, ritournelle malsaine : « Tu es à côté de la plaque, tous les couples se disputent ainsi. » Peut-être le croit-il, du reste !

70

Je me débats, je me noie, je me désespère, je ne sais que faire. Sortir du piège et redevenir seule. Dois-je privilégier ma santé déclinante – maux de ventre, d'estomac – et fuir, mettre le holà, ou supporter par horreur de l'indépendance solitaire ? Or, paradoxe, la solitude gagne du terrain, tant la famille et les autres s'échappent. Nous vivons dans une bulle de fiel.

*

Alexane se protège comme elle peut. Sa solution ? Se cloîtrer dans sa chambre ou chez ses amis. J'essaye de passer le plus de temps avec elle mais Vladimir se débrouille toujours pour prétexter avoir besoin de moi à ce moment-là. Comment en est-on arrivé là ? Comment suis-je parvenue à m'enfermer dans cette prison ? Car, je me le dis et redis : c'est de ma faute. Mais partir ne serait-il pas pire ?

« L'aimes-tu ? » m'interrogent les rares intimes auxquels j'ose me confier. À eux, je suis incapable de répondre par l'affirmative. Mais je redoute tant de me retrouver seule, je crains tant que mon idéal de vie – à deux – cesse à jamais que l'adage « Mieux vaut être seul que mal accompagné », je préfère le vivre à l'envers. En me convainquant d'apprendre à me satisfaire, me contenter même, de ce que j'ai. Après tout, Vladimir ne me frappe pas, nous vivons dans une jolie petite maison au calme et nous mangeons à notre faim. J'en arrive à conclure : « En fait, relativise un peu Raphie. » Le syndrome de Stockholm ?

Huitième partie

LES SAISONS DU DÉPLAISIR

71

La production de la *Star Academy* m'appelle en juin 2002 pour me demander de faire partie du jury de la nouvelle saison. J'accepte. Malgré la dureté des réactions que j'ai dû supporter lors de la première saison, je préfère repartir au combat que me morfondre à domicile. *Desperate housewife*, non ?

Le casting se déroule dans les locaux de TF1 en banlieue parisienne. Deux semaines entières à écouter chanter, quelquefois avec maintes difficultés une cinquantaine de personnes par jour. Le jury est large. Il y a Pascal Nègre, un directeur artistique de la maison de disques Universal, Nathalie André qui s'occupe de la programmation musicale de l'émission et organise ces auditions, des membres de la production dont Alexia, plus des représentants de TF1. Je ne connais pas les compétences de chacun mais le fait que certains soient là uniquement pour évaluer la personnalité des éventuels futurs candidats me dérange un peu. J'ai sans doute du mal à voir autre chose que les parties musicale et artistique de l'émission.

*

Si un pré-casting par cassette vidéo a déjà éliminé les cas les plus « graves », je me demande bien de quels abîmes ils sortaient tant certains de ceux qui se présentent à nous n'atteignent même pas le degré zéro du talent.

*

Le but est simple : les candidats doivent chanter une reprise de leur choix et effectuer quelques mesures d'une chorégraphie apprise avec les assistants de Kamel dès leur arrivée. Afin d'en connaître un peu plus sur la personnalité de ceux trouvés « intéressants », j'ai le droit de leur demander un petit « mets-toi dans la peau de… »

Des journées longues – mais parfois cocasses – pour nos oreilles malmenées. La sélection relève de la quadrature du cercle : il faut jeter notre dévolu sur une vingtaine de candidats en fonction de critères variés et parfois peu compatibles. Ils doivent savoir chanter un minimum, avoir de la personnalité physique et psychologique, si possible un passé douloureux et bien sûr déborder d'envie de vivre cette aventure de télé-réalité. Les débriefings de fin de journée, qui ont souvent lieu en début de nuit, s'avèrent assez houleux. Chacun défendant son domaine de prédilection, je prends assez vite conscience que la musique et la télévision ne font pas forcément bon ménage.

*

Heureusement, il nous arrive aussi d'être d'accord à l'unanimité. C'est ce qui arrive pour Aurélie, déjà surnommée « la petite Diana Ross », pour Houcine, qui fait une belle démonstration de ses talents de chanteur, de danseur, de comique et comédien. Lors de l'exercice chorégraphique, il s'est ainsi affublé d'une perruque blonde à la « Marilyn ». Et quand on lui a demandé « d'oser quelque chose pour le jury », il nous a ni plus ni moins balancé l'une de ses chaussures ! OK pour Houcine…

*

Au gré des auditions, je constate que je ne suis pas aussi méchante qu'on le prétend. Je trouve juste normal d'expliquer à quelqu'un qu'il ne lui sert à rien de persister dans la musique s'il nous paraît évident qu'il n'est pas fait pour ce métier. C'est juste une mise en garde prudente, un conseil pour éviter de graves désillusions. Et ces recommandations, je les formule sans agressivité.

Pascal Nègre, le grand patron d'Universal, n'a pas, lui, la langue dans sa poche, ce que j'apprécie. Il se révèle souvent bien plus coriace et caustique que moi. Il réussit bien à savoir qui il a devant lui, se montre ferme et piquant face à quelqu'un un peu trop sûr d'un talent pourtant incertain, mais se fait rassurant avec une personne qui doute mais possède un potentiel évident.

Nous assistons à quelques scènes mémorables, déstabilisantes pour les candidats jouant la carte « Je suis super à l'aise, je vais me mettre le jury dans la poche », mais fort drôles pour nous.

— Bonjour, mettez-vous bien au centre de la scène pour que l'on vous voie et présentez-vous...

— Bonjour, je m'appelle Édouard, j'ai vingt-trois ans, je suis musicien-arrangeur-auteur-compositeur-interprète-DJ !

— Ah oui ? formidable ! Vous jouez de quel instrument ?

— Heu... Je compose sur mon ordi...

— Je vois... Vous connaissez la musique ?

— Ben oui mais je ne connais pas le nom des notes.

— Donc, vous ne savez pas lire la musique ?

— Ben si, les notes sont marquées sur mon ordi !

— Ah bien sûr...

— C'est comme ça que ça se passe maintenant hein !

— Vous faites bien de me le dire ; il faut que je me mette à la page, je ne suis plus tout jeune vous savez..., sourit Pascal.

— Je vois ça ouais...

— En attendant de me former à la musique d'aujourd'hui, vous allez nous chanter quel titre ?

— Ben, une de mes compos forcément !

— Je comprends, mais sur la convocation que vous avez dû recevoir, il y a une liste de titres imposés et on vous demande d'en choisir un.

— Ouais, mais moi je fais mes compos alors je préfère chanter une de mes compos !

— Vous n'avez donc pas travaillé l'un des titres de la liste ?

— Ben non !

— OK... va pour la compo ! Vous avez donné votre bande-son à la technique ?

— Ouais ouais, c'est fait...

Et là s'élève un vacarme assourdissant. Une succession de bruits et de mesures irrégulières mélangés à un texte apparemment écrit en anglais mais dont personne ne comprend mot. La technique vocale d'Édouard est inexistante et je sens que mes tympans vont se mettre à saigner si personne ne met un terme à ce massacre.

— Merci... beaucoup... Que signifie votre texte s'il vous plaît ?

— Bah rien, c'est du yaourt. Faut qu'ça sonne pour aller avec la musique !

— Vous appelez ça de la musique ?

— Ouais... ça vous plaît pas ?

— Vous savez, je ne suis peut-être plus très au point sur les musiques modernes mais je sais quand même encore deux ou trois petites choses. La musique a des règles de base jeune homme, des règles rythmiques et mathématiques et vous ne les respectez pas, c'est inaudible !

— Ouais ben ça vous plaît pas c'est tout. J'm'en doutais de toute façon, chui juste venu pour voir à quoi ça ressemblait un casting pour la téloche...

— OK... vous avez vu, alors au revoir !

— Tchao !

Dans ce genre de cas, je me demande juste ce qui a pu passer par la tête de celui ou celle qui, en entendant le CD ou en visionnant la vidéo demandée, a validé la participation au casting final !

*

Il se passe en outre un phénomène étrange déjà remarqué durant les auditions pour entrer aux Studios Alice Dona. Quand certains candidats comprennent que leur prestation n'est pas à la hauteur de nos attentes, ils délivrent des explications pour le moins oiseuses destinées surtout à ne pas les remettre en cause. C'est à cause de la grand-mère subitement tombée malade dans la nuit ou du chien de la famille décédé la veille… Mais pourquoi donc la rédaction du 20 heures de TF1 n'a-t-elle jamais fait une enquête sur la hausse de la mortalité canine en période de casting ?

*

Voilà maintenant plus de deux heures que les fausses notes se succèdent, que le stress s'étend et qu'il ne s'est rien produit d'intéressant dans l'auditorium quand un grand dadais fait son apparition. Sa démarche se révèle on ne peut plus décontractée, ses épaules tombantes et il est à la limite de traîner des pieds. Et ça, ça m'énerve au plus haut point ! Pourquoi certains se présentent-ils ici s'ils ne sont pas plus motivés ?

Arrivé sur scène, il regarde ses pieds. Ses cheveux assez longs lui cachent la moitié du visage et je suis prête à m'ennuyer.

— Bonjour, vous pouvez vous présenter ?

— Bonjour, je m'appelle Georges-Alain et j'ai vingt-sept ans…

Sa façon de parler étant aussi molle que sa démarche, j'ai une furieuse envie de lui injecter de la caféine ! Les filles du jury ont l'air de le trouver « trop beau », mais moi il m'énerve avec cette posture de boudeur. Il chante bizarrement aussi, avec une voix grave un peu nasillarde qui me plaît quand même bien. Reste qu'il y a beaucoup de travail à faire avec lui et que je ne vois pas comment, avec son trois de tension, nous pourrions réussir à en tirer quelque chose. Il est quand même retenu…

72

La deuxième saison commence le 31 août et, vu le succès de la première édition, l'émission est rallongée de plusieurs semaines.

Emma, Georges-Alain, Anne-Laure, Houcine, Aurélie, Jeremy, Philippe, Éva, Nazim, Nolwenn, Rudy, Stéphanie, Isabelle, Florence, Fabien et Alexandre font leur apparition. Le plateau est plus grand, le château arbore une nouvelle déco, Oscar Sisto a rejoint l'équipe des professeurs pour délivrer des cours de comédie ainsi que Meredith Hudson en charge de la danse classique ! Ayant assisté au casting, je pense que la pauvre aura du travail et du fil à retordre avec certains. Ses cours risquent d'être assez drôles. De mon côté, j'ai pris soin de demander des renseignements sur chacun des candidats. Il n'y a qu'Éva que je n'ai pas vue en casting. Mais bon, d'après les images diffusées pour la présenter, elle ne chante pas plus que moi je suis ingénieur, elle est juste très jolie… et ça, c'est vraiment super !

*

Au château, j'ai l'immense surprise de pouvoir donner mes cours dans un vrai petit théâtre. Une piscine intérieure située dans les dépendances a été transformée pour l'occasion. Un luxe total. Par ailleurs, les débriefings se déroulent dorénavant dans le salon du château. Sans doute mes critiques

212

– constructives – passeront-elles mieux avec des élèves vautrés dans les grands canapés.

Matthieu Gonet, qui nous avait rejoints à la fin de la saison précédente, a repris du service comme répétiteur des primes. Ses blagues pourries et ses jeux de mots limites amènent un peu d'oxygène au corps professoral que je ne trouve pas vraiment rock'n roll. Et puis, même si nous travaillons dans le même sens, certains essayent de se faire remarquer par tous les moyens. De mon côté, tant que la production ne me dit rien, j'estime que tout va bien.

*

Le niveau artistique se révèle plus élevé mais les personnalités plus difficiles aussi.

Houcine et Georges-Alain deviennent rapidement proches et j'ai du mal à contenir leur côté déconneur durant mes cours. Cela ne me gêne pas de la part de Houcine qui possède un excellent niveau artistique et avec lequel j'arrive à communiquer dans les coulisses du prime, mais plus pour Georges-Alain. Il a visiblement du mal à se lâcher et à me faire confiance. Même si je sais que son passé n'est pas des plus heureux, je ne parviens pas à trouver la clé permettant d'entrer pleinement en communication avec lui. Je l'observe notamment sur la chaîne : son timbre de voix est fort intéressant, son charisme de plus en plus évident mais sa présence scénique laisse sérieusement à désirer. Il y a forcément une solution.

*

Une amie d'enfance va m'ôter cette épine du pied. Un jour, ma copine Ninie m'appelle pour prendre de mes nouvelles :

— Alors la vedette, comment tu vas ?

— Ça va, ça va… Ils sont durs cette année, mais c'est passionnant.

— Tu sais qu'on a un pote parmi tes élèves ?

— Ah bon ? Qui ça ?

— Georges-Alain !

— Non ! C'est vrai ? C'est fou, tu le connais d'où ?

— De Saint-Jean-Cap-Ferrat. Il vient souvent à *la Civette* et c'est un bon pote de Seb et Cédric… D'ailleurs tu pourras lui passer notre bonjour et lui dire qu'il faut absolument qu'il s'accroche et qu'on est fiers de lui. Il n'a pas l'air de bien vivre le fait d'être enfermé…

— C'est clair. Il parle même de son envie de partir… C'est dommage car il a un sacré potentiel. Mais je n'arrive pas à communiquer avec lui.

— Écoute, passe-lui notre message si tu peux, je pense que ça devrait lui faire plaisir.

— OK, mais il faut que j'attende vendredi pour le choper dans sa loge sans les caméras, ça va être long…

— T'inquiète, je crois que ça ira mieux ensuite, c'est un mec vraiment super !

— Merci, ma Ninie.

*

Je dois donc patienter quatre jours pour attendre le prime, où j'apparais plus tôt que d'habitude afin de lui parler.

Comme il est interdit de divulguer la moindre info venant de l'extérieur et que la production veille à ce que nous ne puissions être en tête à tête avec un élève, je demande à Alexia l'autorisation de parler à Georges-Alain en privé. Ce qu'elle accepte après avoir écouté mes arguments.

Je frappe à la porte de sa loge.

— Salut Georges-Alain, je te dérange ?

— Non non, c'est bon…

— Tu vas bien ?

— Ouais… heu… Non en fait, je ne sais pas si je vais rester encore très longtemps.

— C'est ce que j'ai cru comprendre. Qu'est-ce qu'il se passe ?

— Ben on est dans un super endroit mais j'ai du mal à être coupé du monde comme ça… Et puis, musicalement, ce qu'on me donne à chanter n'est pas trop ma came. On est loin de Ben Harper quand même !

— Oui c'est sûr, mais tu connaissais le principe de

l'émission avant d'y entrer. Et si tu veux avancer, il faut apprendre un peu à te dépasser non ?

— Oui, mais là j'ai pas du tout l'impression d'avancer.

— Ok mais cela ne tient qu'à toi… Bon, en attendant j'ai un message pour toi…

— Ah ouais ?

— Ouais… Ninie, Seb et Cédric, ça te dit quelque chose ?

À cet instant précis, je vois un Georges-Alain comme jamais auparavant. Il relève la tête vers moi avec un immense sourire et des étoiles plein les yeux… Bingo, en plein dans le mille !

— Non ! tu les connais ?

— Oh oui un peu !… Ninie est une amie d'enfance, j'ai connu Seb au *Crocodile* et Cédric au *Cow-Club*… Isola 2000, ça te dit quelque chose ? C'est mon quartier général depuis mes treize ans, je les ai tous connus là-bas !

— Oh le délire ! Je vais souvent faire du snow à Isola et on se voit régulièrement à *la Civette* à Saint-Jean.

— Oui, je sais. Ninie m'a appelée en début de semaine pour tout me raconter… Elle ne regarde pas beaucoup la télé mais est tombée sur toi par hasard. Apparemment, tu n'as prévenu personne de ta participation à l'émission…

— À part un pote et ma tante, non j'en ai pas trop parlé.

— Alors voilà le fameux message : ils te trouvent super, te demandent de t'accrocher, sont derrière toi et t'embrassent !

— Trop cool ! Tu les embrasseras aussi ?

— J'appelle Ninie demain et je fais passer à mon tour le message.

— Merci, Raphie !

— De rien. Mais maintenant que tu connais un peu mon entourage et qu'on fréquente les mêmes endroits, on se met au travail OK ?

— Pas de soucis, je vais faire au mieux.

— Alors à tout à l'heure…

Je ressors de la loge contente et fière d'avoir réussi à lui donner le sourire. Je me dis que le hasard, s'il en est, fait parfois bien les choses.

73

Lors du prime qui suit, Oscar et moi connaissons une petite frayeur.

Nazim est nominé. Je le trouve globalement assez mauvais et, lors du dernier débriefe, je ne l'ai pas raté à cause du massacre d'un titre de Jacques Brel assaisonné à la sauce R&B avec pose de vibes sur chaque phrase. D'une, on ne touche pas à un monument comme Jacques Brel, deux on respecte la mélodie et, trois, quand on se permet d'oser des vibes – exercice assez difficile techniquement –, on les fait correctement ! Or celles de Nazim sont fausses et approximatives, ce que je juge insupportable et le lui fais savoir.

Lors du prime donc, alors que doit tomber le résultat des votes, Oscar et moi sommes attirés par le coin des amis et famille des nominés placés dans la salle, à gauche du jury. Parmi les supporters de Nazim, nombreux et bruyants, nous découvrons un charmant jeune homme debout, avec un regard rempli de haine, nous adresser un signe sans équivoque : il fait traverser son pouce le long de sa gorge.

La menace n'échappe pas aux agents de sécurité positionnés un peu partout : une fois Nazim renvoyé à ses chères études, nous sommes escortés jusqu'à nos loges !

Ambiance !

74

Durant mes cours, je rencontre un autre problème de taille : Nolwenn.

Elle est très jolie, Nolwenn. Elle chante divinement bien, mais a tendance, selon moi, à tout interpréter de la même façon. Quoi qu'elle dise et chante, ses yeux se plissent, sa bouche est exagérément mise en avant et le poids de son corps se pose sur la jambe gauche. Or ça m'énerve !

J'essaye d'en savoir plus sur elle pour trouver la clef aidant à la débloquer mais, lors des exercices « façon Raphie », elle ne fait guère preuve d'imagination et peine à se livrer. Nolwenn se montre méfiante et sur la défensive avec moi sans que je sache pourquoi. Je sais aussi que, cible du tandem infernal Georges-Alain et Houcine, la quotidienne la positionne en victime. Une posture qui, à mon sens, ne lui rend pas service et a le don de m'agacer.

*

Lors du débriefing hebdomadaire « sanglant », ainsi que le dit Nikos, je lui reproche un jour ce que je considère comme un manque de générosité. Mon domaine étant l'expression scénique, j'explique ne pas constater d'évolution dans son interprétation, trop figée à mon goût. Elle est toujours très jolie, chante toujours divinement bien mais ne se décoince pas assez. *As usual*, je parle avec franchise. À elle comme aux autres.

Uniquement pour l'aider. Catastrophe : sans le savoir, je viens de signer mon arrêt de mort. Armande et Matthieu, qui ne jurent que par elle, estiment que j'ai poussé le bouchon trop loin et ne m'adressent pratiquement plus la parole. Ses fans se déchaînent sur les forums. Je reçois un nombre incalculable de lettres d'insultes et de menaces. On me reproche à nouveau d'être jalouse, on m'accuse d'une incompétence sans précédent. Plusieurs pétitions sont même envoyées à la production et à la chaîne pour exiger une fois de plus mon renvoi immédiat. C'est reparti pour un tour.

75

La programmation des artistes du prime nous est envoyée chaque début de semaine. Je ne suis pas groupie de nature mais, à la venue de certains, j'ai hâte de pouvoir les observer en répétition afin d'apprendre de leur façon de travailler. Or Phil Collins est annoncé !

J'ai fait sa connaissance à travers le groupe Genesis, comme beaucoup, mais j'ai eu vrai coup de foudre le jour où j'ai entendu *In the air tonight*, en 1981. L'entrée de batterie mythique à la fin du morceau me donne des frissons à chaque écoute. Et puis quel mélodiste ! Et quelle empreinte vocale ! Bref, je suis excitée comme une puce.

*

Les répétitions s'achèvent. Les élèves sont ravis et Phil Collins a l'air vraiment sympa. Comme tout le monde est encore sur le plateau, je profite de l'accalmie pour aller au maquillage. En descendant vers ma loge, je croise l'idole dans les escaliers. N'étant pas du genre à parler à tout prix aux artistes que j'admire, je me contente de lui sourire au passage ; ça ne coûte rien et sur un malentendu ça peut même lui faire plaisir... De toute manière, il n'a pas dû me voir puisqu'il discute avec son accompagnateur. Et là j'entends :

— Hi Raphie (à prononcer avec l'accent anglais) !

Je me retourne machinalement et me retrouve face à lui...

Sans doute avec l'air le plus idiot possible dans ce genre de contexte. Le pire, c'est qu'il enchaîne :

— Je suis Phil et je te connais... Je regarde ton émission dans ma maison en Suisse avec ma fille.

— Bonjour... ah bon ? heu... Je suis ravie de vous voir ici... heu... j'ai beaucoup d'admiration pour vous..., bredouillé-je, un peu godiche, me souvenant alors pourquoi je ne vais jamais voir les artistes que j'aime et que je ne connais pas : parce qu'on dit toujours des banalités affligeantes dans ces cas-là ! Bref, je me mettrais des baffes !

— Tu travailles bien avec les élèves, je te vois faire et tu as raison.

— Merci beaucoup, c'est très gentil... Voilà tout ce que j'arrive à répondre.

Mais bon, là évidemment, si Phil Collins estime que j'ai raison et que je travaille bien, ça change la donne dans ma tête ! Comme il n'y a pas de caméras, que je doute que son contrat stipule l'obligation de cirer les pompes des profs et que j'imagine mal Arthur le contraindre à regarder l'émission dans sa maison en Suisse... c'est qu'il est sincère. Comme il n'y a apparemment personne qui le menace pour discuter avec moi les vingt minutes suivantes, je suis sur un nuage. Voilà qui me paraît agréablement délirant. D'autant qu'après quelques instants, nous échangeons des points de vue artistiques sur certains élèves et l'émission en général le plus naturellement qui soit.

Certes il s'agit d'un être humain comme les autres... mais bon, c'est Phil Collins quand même ! Le plus naturellement du monde, il me fait la bise pour clore la conversation.

Et toc, ça, personne ne pourra me l'enlever !

76

Quatre semaines se sont écoulées. Au château, l'ambiance devient électrique et la fatigue se fait ressentir. Nous venons de passer les trente jours fatidiques où les nerfs commencent à prendre le dessus chez tout le monde.

*

Je suis en cours au théâtre et Nolwenn est sur scène. L'interprétation de son titre n'étant pas simple, je lui fais recommencer un couplet. À l'écoute, elle a visiblement envie de comprendre ce que j'attends d'elle. Je remets le titre et me retourne instinctivement dans la salle pendant l'intro. Là je vois Georges-Alain assis à l'envers sur son siège, donc faisant dos à la scène, avec la capuche de son survêtement sur la tête. Ah non, ça n'est pas possible pour moi ! Je mets immédiatement le CD sur « pause ».

— Je suis vraiment désolée Nolwenn, mais là j'ai un petit problème. Que se passe-t-il Georges-Alain ? Tu as un souci pour t'asseoir correctement aujourd'hui ?

— Non non, c'est bon.

— Tu plaisantes j'espère ? Depuis quand tourne-t-on le dos à un artiste en scène ?

— Ça va, je fais rien !

— Non ça va pas, ton attitude est totalement irrespectueuse ! C'est quoi ton problème ?

— Mais ça va, j'ai pas de problème !

— OK, alors tu te lèves, tu prends ta capuche et tu sors de mon cours s'il te plaît !

— Quoi ? Mais j'ai rien fait moi !

— Tu te lèves et tu sors de mon cours ! Je ne tolère pas ce genre d'attitude !

Il se redresse enfin et prend la direction de la sortie.

Mon rythme cardiaque doit frôler la crise imminente, j'ai du mal à parler et tremble de tous mes membres. Je n'aime pas ces scènes et j'ai peur de sa réaction tant je connais ses moments d'emportements. Toutefois, ce n'est pas parce que j'aime son univers artistique et que nous avons des amis en commun que je vais accepter un comportement des plus odieux.

— C'est vraiment dégueulasse, j'ai rien fait…

— Oui oui c'est ça, pauvre petit Calimero va ! Allez, tchao…

*

Quelques secondes plus tard, nous entendons des cris venant de l'extérieur suivis d'un grand bruit.

Il me reste encore une bonne demi-heure à travailler et je me demande ce que Georges-Alain a fait en sortant. Je respire un grand coup et tente de me concentrer à nouveau sur mon travail avec Nolwenn.

*

Dans les bureaux de la prod, je me rue sur le live pour voir ce qu'il fabrique. Par chance il est sur son lit et joue de la guitare. Je suis rassurée. La production m'explique qu'il a gueulé un bon coup tout en donnant un coup de pied dans un tuyau d'évacuation, d'où les cris et le bruit. Plus de peur que de mal ! Je m'installe dans le canapé du hall d'accueil et j'essaye de me détendre. Dans ma tête, je panique toutefois un chouïa à l'idée d'être obligée de faire la police durant mes cours. Qui plus est, je n'ai jamais viré personne et il faut que ça arrive avec quelqu'un que j'aime bien et devant les caméras... On va encore jaser à l'extérieur !

Au fil de la saison, les demandes d'interviews se multiplient. Je refuse systématiquement la presse *people*, à mes yeux sans grand intérêt, et me cantonne aux magazines télé. Dont je mets du temps à comprendre le fonctionnement. Or, je suis irrémédiablement spontanée et il n'est pas difficile de me faire réagir au quart de tour. Je découvre avec consternation combien les joies du montage sont valables aussi pour la presse !

Quand j'explique qu'Houcine possède de multiples talents, rien n'est gardé : pfttt Raphie faisant des compliments, même avec des arguments à la clé, ça n'intéresse personne. En revanche, si je prétends que Nolwenn n'a pas été bonne lors d'un prime sur un titre, on en fait une affaire d'État même, avec accroche de couverture genre : « La sévère Raphie en guerre contre Nolwenn ! »

J'ai beau passer du temps à m'expliquer clairement durant les interviews, rien n'y fait. Si bien qu'à la longue, je choisis de prendre les devants avec « mes petits », les prévenant de chaque interview et leur rapportant mes dires pour qu'ils n'aient pas de mauvaises surprises à leur publication. Mon franc-parler est suffisamment difficile à assumer publiquement pour ne pas supporter en plus les conséquences des propos malveillants que de pseudo-journalistes incompétents me prê-tent. Je ne suis pas procédurière pour autant. Tant qu'on ne touche pas à ma vie privée, je laisse couler.

78

La vie personnelle justement, que devient-elle ?

Voilà plus de deux mois maintenant que la deuxième saison a démarré et je suis à fond dans mon travail. Je ne vis que pour lui, je ne parle que de lui. J'ai toujours un œil sur Alexane mais sachant que l'aventure dure trois mois, je m'y donne à fond. Le souci c'est qu'avec la fatigue, le stress et les critiques incessantes venues de l'extérieur, je me mets à douter aussi de mes compétences professionnelles. Et les assauts ne manquent pas.

*

L'humeur du jour, mise en place au début de chaque cours, est ainsi largement critiquée. Mon objectif était de m'adapter à ce qu'indiquait une sorte de baromètre du moral des élèves. S'ils n'avaient pas la forme, j'évitais ainsi d'entamer un travail sur des émotions lourdes qui empirerait les choses et opte donc pour une heure plus « légère ».

Soit. Mais, sur Internet et dans la presse, on prétend que l'humeur du jour me fait gagner du temps parce que je n'ai rien à enseigner ! En somme, quoi que j'entreprenne, je serai toujours à côté de la plaque. Bien sûr, puisque la production ne me dit rien, c'est que tout roule, mais un signe d'encouragement me rassurerait.

Au milieu de la pression, voilà qui m'irait droit au cœur.

On affirme que lorsqu'on s'y attend le moins, les bonnes choses arrivent. Le 22 novembre 2002, je vais avoir une surprise de taille.

Parmi les invités venus se produire avec les élèves se trouve une artiste que j'admire profondément et dont je connais par cœur les chansons pour les écouter régulièrement : Maurane. Son sens du rythme, le timbre de sa voix et son art de l'interprétation me mettent à plat à chaque audition. Je l'ai vue sur scène à plusieurs reprises et tous ses albums trônent dans ma discothèque. Elle fait partie de ces artistes capables de me (nous) faire passer du rire aux larmes en l'espace de quelques minutes, le tout sur ce fond de jazz que j'affectionne.

En plus, elle a l'air adorable avec les élèves. Hélas ! je n'ai aucun contact avec elle. Et, comme d'habitude, je ne suis pas du genre à aller la déranger.

*

Le prime se déroule bien et comme à chaque fois, je pars à toute vitesse visionner les prestations afin de préparer le débrief du lendemain.

En arrivant à la maison, mon téléphone sonne. Un numéro masqué. Il est tard, je n'ai pas envie de répondre. Quelques instants plus tard, un bip m'indique la présence d'un message sur ma boîte vocale. J'écoute.

« Raphie, bonjour c'est Maurane… Je pense que je suis en connexion avec toi… Je voulais te dire que vraiment je t'adore et… je trouve que quand tu dis des choses aux élèves, tu tapes dans l'mille à mort ! Je suis de tout cœur avec toi et vraiment je te trouve super… voilà… Je n'ai pas pensé ça complètement la première année, parce que… parce que j'étais une imbécile ! Écoute, plus ça va plus je te trouve au top du top. Je trouve que t'es une super prof et que les élèves ont beaucoup de chance. Je t'embrasse très fort, tchao… »

J'ai les larmes aux yeux et la gorge serrée… Je réécoute le message pour être sûre.

Ses mots me donneront la force de terminer la saison… tant bien que mal.

— Bonjour, je m'appelle Raphaëlle Ricci et je voudrais parler à Franck Largorce s'il vous plaît.

— Oui c'est moi, bonjour !

— Bonjour… Vous avez cherché à me joindre ?

— Oui tout à fait. Un hebdomadaire vient faire un reportage sur le twin kart que je viens de créer et, connaissant votre goût pour les sports mécaniques, je voulais savoir si cela vous intéresserait d'effectuer des essais avec moi… Je suis un peu pilote automobile…

— Oh oui, ça je sais. Je vous connais de nom… La F1, le Trophée Andros, etc. Heu… oui bien sûr, mais c'est quoi un twin kart ?

— C'est un kart biplace avec double-commande que j'ai créé spécialement pour la formation aux bases du pilotage automobile.

— Ah génial ! Vous souhaitez faire ça quand et où ?

— Jeudi prochain si ça vous convient. Au karting indoor de Wissous à dix heures ?

— Parfait, j'y serai !

*

Le reportage photo dure deux bonnes heures et je me régale ! Ce twin kart est un concept génial. Les deux passagers étant équipés chacun de micros dans leurs casques, Franck peut me donner des instructions au fil de ma progression sur le circuit.

Positionné derrière moi, il me laisse le volant sur un tour tandis qu'il commande les pédales ; et inversement au tour suivant. La cerise sur le gâteau fut de le voir prendre la totalité des commandes et me gratifier d'une démonstration de pro... Le pied total !

Je connaissais du reste ses exploits sur les circuits de glace du Trophée Andros. Mon ex-mari y avait en effet effectué quelques courses et je l'avais accompagné. Franck fait partie de ces pilotes qui combinent sens du spectacle et talent en les propulsant sur le podium à chaque fois. La première place au classement général étant occupée depuis des années par Yvan Muller, un prodige de la conduite, lui oscille systématiquement entre la deuxième et troisième place. Un bel exploit.

Le reportage terminé, nous nous promettons de nous rappeler lors de la sortie du magazine.

*

— Bonjour, c'est Franck.
— Salut Franck, ça va ?
— Très bien et toi ?
— Crevée mais oui. La saison se termine et c'est pas dommage !
— Oui, je regarde un peu avec ma fille et je trouve que tu fais vraiment un bon boulot.
— Merci, c'est gentil.
— Dis-moi, d'après ce que j'ai compris l'autre jour, tu aimes bien les courses auto. Si je t'invite sur une des dates du Trophée, tu viendrais ?
— Ah, mais oui, grave même !
— OK, je t'envoie le planning. Tu choisis la date qui te convient et je t'invite pour le week-end chez Fiat, la structure avec laquelle je cours.
— Top ! Merci ! Je te dis très vite.

À la réception de son mail, je vois qu'Isola 2000 fait partie du championnat. Mon quartier général ! Je n'hésite donc pas une seconde : voilà un moment que je ne suis pas allée dans mon Q.G. voir mes potos. Ça tombe très bien !

Entre-temps, et sans grande surprise, Nolwenn remporte la finale face à Houcine. Je n'assiste pas à la soirée prévue, l'expérience de l'année précédente m'ayant vaccinée. Chacun ses frayeurs.

*

Passionnée de Formule 1 et de grands prix moto, je n'ai jamais eu l'occasion d'être dans les coulisses d'une course, me contentant de les regarder à la télé ou parfois dans les tribunes. Cette fois, j'entre dans le saint des saints.

Franck, à l'entrée du paddock, me donne les pass d'accès nécessaires à ma libre circulation autour du circuit durant le week-end. Je baigne dans un état d'euphorie total : je vais enfin pouvoir approcher les voitures de près, regarder les mécaniciens travailler et, peut-être, apercevoir quelques pilotes. Il m'invite à le suivre dans le motor-home Fiat et me fait découvrir sa voiture. Nouveau bonheur. Je suis comme une môme à la vue de l'engin. Mieux, j'ai le droit de monter à l'intérieur ! Le tableau de bord ne ressemble en rien à celui de ma voiture et, une fois encastré dans le siège baquet, il faut beaucoup de volonté pour s'en extraire ! Quant aux quatre roues motrices cloutées, elles sont nécessaires pour donner un spectacle de toute beauté.

Je poursuis la visite du paddock et ma découverte de voitures plus impressionnantes les unes que les autres. Comme il y a attroupement devant la structure Toyota, je vais voir ce qui s'y passe.

Les deux véhicules de l'écurie sont exposés fièrement, avec des mécaniciens qui s'affairent tout autour. Ils démarrent l'une d'elles. Le son m'impressionne. Comme le petit bonhomme casqué qui sort du motor-home garé juste à côté et qui s'installe dans son baquet. Les appareils photo crépitent et l'engin démarre pour rejoindre le circuit. En passant devant moi, je constate qu'en haut de la vitre latérale est marqué : *A. Prost* !

*

Alain Prost participe donc au Trophée Andros. « Le » Alain Prost quadruple champion du monde de Formule 1 ! « Le » Alain Prost qui ne m'a jamais fait manquer un grand prix devant ma télé ! « Le » Alain Prost pour lequel j'ai une admiration sans bornes depuis des années.

Je vais donc avoir la chance inouïe de le voir piloter sur la glace. C'est trop de bonheur, j'en ai les larmes aux yeux (oui, je sais, encore !) car qu'est-ce que j'ai pu bassiner ma famille avec lui, les jours de grands prix ! Ses duels mythiques avec Ayrton Senna m'ont mise dans des états de transe incroyables. Je connais sa carrière sur le bout des doigts et, à la maison, je possède plusieurs bouquins sur lui. Bref, je suis ce qu'on appelle une fan inconditionnelle.

À propos – pendant qu'on y est – qui occupe la seconde voiture de l'écurie Toyota ? Olivier Panis !!!

*

J'assiste aux essais chronométrés les yeux brillants. Le son des moteurs me donne à chaque vrombissement des frissons. L'extase. Un peu plus tard dans la journée, je croise Franck dans une allée du paddock :

— Dis-moi, tu aurais l'adresse d'un petit resto sympa dans la station ? me demande-t-il.

— Évidemment ! C'est comme chez moi ici, je connais le coin par cœur.

— On serait une petite quinzaine, mais il nous faudrait un endroit assez tranquille...

— OK, je m'en occupe. Pour quelle heure ?

— Ce soir vers vingt et une heures, après les essais...

Là, le petit bonhomme casqué de tout à l'heure nous rejoint. Sauf qu'il n'a plus son casque et me sourit !

— Bonjour !

— Raphie, je te présente Alain ; Alain je te présente Raphie.

— Oui, je la connais, je regarde son émission de temps en temps.

— Je vous connais aussi, je regardais vos grands prix tout le temps !

Décidément, qu'est-ce qu'on peut être con dans ces cas-là.

— Bon, on dîne ensemble ce soir ?

— Oui, oui, je m'en occupe !

Évidemment qu'on dîne ensemble ce soir, quelle question !

*

J'appelle mon pote Jean-Marc qui tient un très joli petit restaurant sur le front de neige et réserve pour quinze personnes à vingt et une heures. Je sais que, là-bas, personne ne viendra nous demander des autographes et que nous y serons tranquilles.

Ayant confié à Franck ma totale admiration pour Alain, c'est tout naturellement qu'il m'installe à ses côtés lors du dîner. Et, au moment de m'asseoir, je pense immédiatement à ce que j'ai, un jour, confié à ma mère : « Alain Prost fait partie de ces gens que je rêve de rencontrer... Pas pour lui faire la bise ou avoir une dédicace, hein, mais parce que j'ai trois mille questions à lui poser. »

Et c'est ce qui va lui arriver durant tout le repas. Je veux tout savoir !

Pourquoi il n'a pas réussi à monter sa propre écurie ? Ce qu'il a ressenti, le 1er mai 1994, le jour où Ayrton Senna s'est tué à Imola et que le matin même il lui adressait un message de sa voiture : « *A special hello to my dear friend Alain... I miss you Alain...* » S'il existe des phases plus difficiles que d'autres durant une course de deux heures ? Son régime alimentaire, son entraînement sportif ? Comment on sent qu'il faut arrêter ? S'il vivait le fait d'avoir été obligé d'interrompre sa carrière de footballeur comme une frustration ?

Alain fut drôlement patient et adorable devant cet incessant mitraillage. N'empêche que j'en savais plus que n'importe qui sur le « professeur » et que l'un de mes rêves venait de se réaliser. Merci Franck. Merci Alain !

*

Ce week-end à Isola est d'ailleurs bénéfique à plus d'un titre. Car en plus d'avoir la chance d'assister à toutes les courses et de faire la connaissance d'Alain, Max Mamers, le grand patron du Trophée Andros, me propose carrément de participer à l'une des courses de la prochaine saison en sprint car. Chiche !

Neuvième partie

L'AVENTURE CONTINUE

82

Troisième saison. La belle – mais dure – aventure reprend. Est-ce que je fais partie des meubles ? J'en ai un peu le sentiment durant le casting. Une sorte de figurante au sein d'un jury élargi. Je fais connaissance avec mes prochains élèves : Patxi, Amina, Romain, Michal, Élodie, Sofia, Morganne, Stéphanie, Pierre, Édouard, Icaro, Anne, Marjorie, Michaël et Valérie. Qui font leur entrée dans le château le 30 août 2003. Cette édition va s'étaler sur seize semaines, avec Nathalie André à la place d'Alexia et Elton John comme parrain.

*

Le miracle de cette émission, c'est qu'elle réserve des surprises. Ainsi la saison est totalement différente de la précédente mais tout aussi passionnante à mes yeux à cause du nombre d'auteurs-compositeurs sélectionnés en nette augmentation.

Sofia m'impressionne ainsi par ses talents multiples ; c'est bien simple : elle sait tout faire ! Il lui manque juste un capital sympathie pour la transformer en gagnante. Mais elle a vingt ans, est très jolie, une grosse bosseuse et dotée d'un sacré caractère. Aussi les montages qui présentent souvent la partie la plus négative de sa personnalité et la jalousie d'un certain public féminin lui jouent vite des tours. Et elle se fait éliminer en demi-finale. Dommage ! En vérité cela n'est pas grave : je ne m'inquiète pas car elle a tout ce qu'il faut pour entreprendre une belle carrière artistique. Ainsi Olivia (Ruiz) et Emma (Daumas) n'ont pas gagné non plus et cela ne les empêche en rien de suivre leur route en musique.

*

Pour moi, le plus beau moment de cette saison se déroule sur un prime ! Sting, l'invité d'honneur, chante « Roxane » en duo avec Sofia. Je suis scotchée, emportée, séduite et impressionnée par le professionnalisme et le sang-froid de Sofia. J'ai devant moi deux pros qui donnent l'impression de se connaître depuis longtemps. Le mariage de leurs voix est sublime, le swing qu'ils dégagent m'émeut beaucoup, et moi j'ai la chair de poule. Heureusement, grâce au tapage intempestif des mains du public n'importe où et n'importe comment sur la musique, je ne pleurerai pas ce soir !

*

Au château, les cours sont plus calmes que l'année précédente. Ce qui ne me déplaît pas ! Je me régale de cette jolie « cuvée » 2003.

Nathalie André rencontre quand même quelques difficultés dans son nouveau rôle de directrice, un statut bien difficile à appréhender d'un coup. Non seulement la pauvre succède à Alexia mais elle se rend vite compte qu'au-delà des directives de la production, son champ de manœuvre est plutôt restreint. Devenir « le porte-parole de la prod », on m'en avait parlé et j'avais refusé. À elle ce rôle pas aisé à tenir.

Reste qu'humainement, il s'agit d'une belle personne. Je m'entends très bien avec elle car je la connais depuis plusieurs années. Sa proximité avec les artistes aide : nous parlons le même langage. Derrière ses airs de femme sûre d'elle, sans complexes et directe, se cachent beaucoup de tendresse, de sensibilité et d'humour !

83

L'annonce des nominations de la semaine constitue, en cette troisième édition comme lors des précédentes, une étape que je déteste. D'une part parce que même si la Star'Ac est un jeu dont chacun connaît les règles, on voit certains élèves se remettre totalement en question et douter plus que jamais d'eux-mêmes durant ces moments-là. D'autre part parce qu'on doit les convoquer afin de leur expliquer les motifs ayant conduit à cette nomination. Et je déteste les voir face à moi, le regard débordant de tristesse ! Si quelquefois, ce rendez-vous s'est déroulé sans graves problèmes, si dans d'autres ce fut compliqué d'empêcher des larmes de couler, un jour l'exercice s'est transformé en sketch.

*

Nous nous trouvons, Nathalie, Oscar, Armande, Kamel et moi dans la salle des profs prévue à cet effet. Une discussion non diffusée sur le *live*, les images étant destinées à la quotidienne du lendemain. Et nous devons recevoir, un à un, les trois nominés de la semaine. Romain est le dernier à passer.

Un garçon adorable, doux et très talentueux, mais qu'une timidité maladive empêche de s'exprimer sur scène. Aucune émotion ne parvient au spectateur durant ses interprétations et, sans sa guitare, il ne sait quoi faire de son corps. Le désigner nous paraît donc grandement justifié mais j'appréhende le face à face, de crainte de lui faire trop de peine. Car, durant mes cours, Romain a toujours la pêche, ses compos me plaisent beaucoup et ce qu'il réussit à faire avec sa guitare m'impressionne. Oui, mais voilà, le principe des primes consiste à chanter des reprises. Or il n'arrive pas à s'approprier les chansons des autres.

*

La régie nous prévient que Romain arrive. Il frappe à la porte et entre. Nathalie prend d'emblée la parole :

— Bonsoir, Romain !

— Saluuuut...

Bizarrement, il affiche un grand sourire et paraît avoir croisé la Vierge. Je remarque aussi ses yeux rouges. Première pensée : il a pleuré à l'annonce de sa nomination et prend sur lui pour conserver le sourire. Je change vite d'avis, tant il paraît trop heureux et souriant pour avoir versé des larmes auparavant. Ah mais oui ! Il a consommé les cigarettes qui font rire ! Romain est, comme qui dirait, un peu « déchiré ».

Sachant que les joints circulent plus ou moins dans le château, je me dis que mon guitariste préféré a dû en consommer pour supporter une nomination inévitable.

Je regarde Nathalie et nous nous comprenons parfaitement, mais elle continue :

— Alors Romain, nous sommes ici pour t'expliquer la raison de ta nomination. Je donne la parole à Oscar...

Oscar explique alors, très sérieusement comme toujours, les raisons qui ont conduit à ce choix.

— Tu ne prends pas le pouvoir ! Tu ne t'impliques pas assez ! dit-il.

— Ah oui, ça, c'est bien vrai...

J'ai beau essayer de me concentrer sur ce que je vais dire, le découvrir aussi souriant, bêtement heureux et systématiquement d'accord avec nous, je ne peux retenir mon rire. Nathalie ne résiste pas non plus. Et Romain s'y met à son tour. Nous voilà en train de pouffer, incapables de continuer à argumenter. On la refait !

— Romain, excuse-nous mais nous sommes un peu fatigués…

— Heu… Moi aussi, ça tombe bien !

Évidemment, nous repartons de plus belle et un incroyable fou rire gagne la salle des profs.

— Donc on va la refaire Romain : tu ressors et fais comme si rien ne s'était passé. Ok ?

— Pas de problème, à tout de suite.

*

Tandis que Romain quitte la salle en prenant soin de refermer la porte, nous ne pouvons que soupçonner que des « cigarettes rigolotes » circulent dans le château et qu'il a visiblement fait connaissance avec elles !

— Vous êtes prêts en régie ?

— Oui, vous pouvez y aller !

La voix off ne nous aide pas beaucoup à reprendre notre sérieux. Les personnes travaillant en régie ont beau être invisibles, elles n'en sont pas moins au courant de ce qui se passe. La scène ne leur a pas échappé et ça rigole à fond aussi chez eux. Hou là là, cela ne va pas être simple.

— Toc, toc toc !

— Oui, entre Romain !

— Bonsoiiiiiir…

À peine a-t-il prononcé ce mot que l'eau que j'étais en train de boire part en geyser vers le sol. Le fou rire reprend.

Alors Romain refait une entrée. Et une autre. À chaque fois avec un air des plus idiots. Personne ne peut résister. Même les cadreurs derrière leur caméra pleurent de rire.

Nous reprendrons la scène à plusieurs reprises sans jamais finir à expliquer complètement la nomination de Romain. Dans la quotidienne du lendemain, seules des images me montrant la tête baissée et le nez collé sur mon cahier seront diffusées.

Sacré Romain.

84

Je ris à Dammarie mais à la maison l'ambiance patauge dans le glauque. Vladimir passe ses journées affalé sur le canapé à regarder le live et à fumer joint sur joint. Le château se trouve à peine à vingt minutes de chez nous mais il m'arrive de plus en plus souvent de rester un peu sur place mon cours terminé. Soit pour discuter avec les autres professeurs ou la production, soit pour préparer mon cours du lendemain au calme dans le bureau des profs, soit pour – inconsciemment – échapper aux reproches me tombant dessus ou au spectacle pitoyable que nous offrons.

Seulement, Vladimir ne supporte pas que je ne sois pas revenue dans les vingt minutes suivant la fin du cours, constatée en direct. Et Alexane m'avoue, le soir, qu'elle l'entend souvent fulminer :

— Putain, qu'est-ce qu'elle fout ta mère ? Elle est encore en train de se faire sauter par un stagiaire !

Classe ! Et pourquoi forcément un stagiaire ? Parce que je ne dois intéresser que le « bas de l'échelle sociale » ? Aucun risque en vérité, ma vie est suffisamment problématique et compliquée pour que je prenne le risque d'en rajouter.

*

En fait, je réussis à fuir tout en restant à la maison. Le soir, je décide maintenant d'aller me coucher soit avant, soit après

Vladimir, et ce afin de m'octroyer des moments de solitude indispensables à un semblant de réflexion.

Ce qui me taraude le plus ? Alexane. Je culpabilise de plus en plus de lui imposer Vladimir et tente, en vain pour l'instant, de trouver des solutions qui contenteraient tout le monde. À suivre.

85

Un soir, après un débriefe particulièrement tardif, je rejoins ma voiture garée sur le parking des professeurs. Il pleut beaucoup, mon ordinateur de bord indique cinq degrés. Je démarre et me dirige vers la barrière de sortie quand je vois une femme, avec son enfant, semblant m'attendre. Passée la grille, je descends la vitre :

— Bonsoir !

— Bonsoir Raphie… Ça fait quatre heures qu'on vous attend ! On a raté votre arrivée.

— Ah bon ? Mais il ne fallait pas patienter, avec cette pluie. Il est tard et votre enfant ne va pas à l'école demain ?

— Ben si, mais on est venus de loin exprès pour vous voir. Je peux vous prendre en photo avec mon fils ?

— Mais bien sûr, le pauvre il est tout mouillé…

Je descends de la voiture, prends le petit dans mes bras et sa mère nous immortalise avec son appareil. Je ne suis pas sûre qu'il sache qui je suis ni ce qu'il fait là d'ailleurs, mais bon…

— Vous pouvez me signer un autographe aussi ? demande-t-elle.

— Bien sûr. À quel nom ?

— Mettez-le au nom de Damien, c'est lui, mon fils…

— Ah… et il a quel âge ce petit bout de chou ?

— Bientôt six ans.

— Voilà, pour Damien !

Je remonte en voiture quand la jeune femme me lance :

— Vous êtes bien la fille d'Alice Dona ?

— Oui, c'est exact.

— Je voulais juste vous dire que je trouve que votre maman a beaucoup de talent.

— Merci pour elle, je le lui dirai.

— Oui mais apparemment... c'est pas héréditaire !

Ouaf ! Bonjour l'uppercut. Estomaquée, je grince :

— Heu... vous m'avez dit que vous veniez de loin et vous êtes restée des heures sous la pluie avec un gamin qui ne sait même pas pourquoi il est là juste pour me balancer que je n'ai pas de talent ? Alors là, chère madame, vous êtes une championne toutes catégories ! Je vous souhaite le meilleur, bonne nuit...

*

Après, c'est moi que l'on accuse de méchanceté ! Devant des cadors de ce type, j'ai plutôt la sensation d'être une débutante. Qu'est-ce qui traverse la tête de ces gens ? L'énigme me taraude. Et j'en ai marre de ce cirque. Je suis fatiguée, ces agressions me blessent et m'atteignent inutilement.

Après la finale gagnée par Élodie qui partage une victoire bien méritée, avec Michal – elle est bien cette Élo ! –, j'arrête la Star'Ac. Ça ne vaut plus le coup.

Dixième partie

BABY BLUES

86

L'année qui suit relève du vrai paradoxe : Vladimir me demande en mariage et souhaite que nous ayons un enfant !

*

Un soir, je suis au premier étage en train de ranger des affaires quand il m'appelle et m'invite à descendre. Arrivée au milieu de l'escalier, je découvre le salon illuminé par des dizaines de petites bougies. Passé la dernière marche, je le vois à côté de la cheminée avec un sourire plus beau que jamais. Je m'avance vers lui, et là, il me tend un écrin. Puis il l'ouvre et au moment où je découvre un somptueux solitaire, je l'entends me demander si je veux bien être sa femme...

Bien sûr que je le veux, c'est ce Vladimir-là que j'aime !

*

Quelques mois auparavant, nous avions eu une discussion sur le fait d'avoir un enfant. Il m'avait convaincu qu'un tel événement lui apporterait la stabilité, qu'il avait besoin d'un projet réussi de cette nature pour calmer ses emportements, perspective qui le responsabiliserait. À l'en croire, nos différends s'estomperaient comme par enchantement et notre couple se ressouderait. Dubitative, j'avais argué, l'expérience parlant, qu'un bébé ne cimente pas forcément un couple dans les premiers mois, à plus forte raison un couple fragilisé. Il faut au contraire des fondations extrêmement solides. Mais ses beaux discours ne manquaient pas de promesses d'espoir et avaient l'art de me faire changer d'avis. Qui plus est, âgée de trente-six ans, je devais y penser sérieusement si je ne voulais pas qu'il cherche une mère ailleurs. Depuis quelques mois, nous essayions donc. Mais sans succès. Alors, le mariage y pourvoira peut-être.

Après sept ans de vie tumultueuse et globalement commune, cette proposition va sans doute nous rapprocher et apaiser ses maux. Je me convaincs qu'elle peut même tout changer entre nous. Et puis n'a-t-il pas un côté adorable, gentil, prévenant et drôle parfois ? Le Vladimir que tout le monde connaît. L'autre aspect de sa personnalité, le « côté obscur » comme je l'appelle, c'est à coup sûr moi qui le suscite en lui. À moi, en somme, de me débrouiller pour ne pas réveiller le « mauvais » Vladimir.

Nous élaborons donc des plans pour le mariage. Une fois nos listes d'invités respectives dressées, nous aboutissons dans un premier temps à plus de deux cents personnes, sachant que, de mon côté, il n'y a que quarante convives… Mais Vladimir tient à faire les choses en grand, à prouver au plus grand nombre qu'il réussit sa vie.

Justement, en parlant de moyens, comment les réunir alors qu'il ne travaille pas et que nos réserves ne dureront pas éternellement ? Vladimir, confiant, estime qu'il se passera bien quelque chose rapidement… Oui oui, le téléphone va sonner comme par enchantement, il suffit d'y croire ! Mais au moins, poursuit-il un projet qui l'enchante autant qu'il devrait m'enchanter : nos noces.

*

En attendant le grand jour, je ne suis toujours pas en super forme. Même si, comme après chaque saison de *Star Academy*, je reprends quelques kilos, mes douleurs s'intensifient. Réussir à donner un petit frère ou une petite sœur à Alexane dans de telles conditions relève du pari particulièrement risqué. Que nous choisissons de relever.

87

Affalée dans l'un des deux canapés posés devant la télé, je souffre de terribles nausées et peine à respirer. Vladimir, au téléphone avec sa mère, organise notre prochaine visite en province. Objectif : annoncer aux siens que nous pensons nous marier. Je ne suis pas vraiment joyeuse à l'idée d'aller passer quelques jours là-bas mais, comme à chaque fois, je ferai un effort. Très énervé de me voir pas bien du tout, il ose dire à sa chère maman que je passe mon temps à râler et à prétexter des douleurs au ventre. L'aplomb avec lequel il tient ces propos me désespère car je n'ai pas pour habitude de me plaindre. Le pire : il est convaincu de ce qu'il avance. Quand, d'un coup, toujours en ligne, il veut savoir si nous pouvons partir après-demain et que je ne sais quoi répondre, je vois monter la haine sur son visage. Il me fusille du regard et dit à sa mère :

— Bon, elle n'en sait rien ! Et comme on voulait venir vous annoncer une bonne nouvelle, je vais te la dire au téléphone ! On va se marier...

Son regard méprisant, lui, au lieu d'exprimer de la joie sous-entend plutôt : « Voilà t'es contente ? À cause de toi, je suis obligé d'annoncer notre mariage à mes parents au téléphone ! » Hélas pour lui, à cet instant présent, mon esprit a autre chose à faire que de culpabiliser.

— Tu, tu... peux m'emmener à l'hôpital, s'il te plaît ?

— Bon maman, il faut que je raccroche parce qu'elle veut que je la conduise à l'hosto maintenant ! Bisous, je te rappelle.

La douleur est devenue abominable.

*

À l'hôpital, après quelques examens, le gynécologue nous annonce l'urgence d'une opération par cœlioscopie. Mes douleurs sont certainement dues à une endométriose ; elle aurait gagné du terrain et m'empêche de tomber enceinte. Or l'endométriose est une « lésion, en dehors de la cavité utérine proprement dite, de tissu endométrial comportant des tubes glandulaires, un chorion cytogène et accessoirement des fibres musculaires lisses » (définition extraite du *Dictionnaire de Médecine Flammarion*). Les symptômes s'y rapportant sont les suivants : stérilité, douleurs, kyste ovarien et saignements extra-génitaux. Quant à l'origine de la maladie, elle est généralement... nerveuse. Tu m'étonnes que j'en sois au stade le plus avancé !

*

L'opération va durer deux heures et demie. Elle confirme une endométriose de stade IV que le chirurgien tente de diminuer au mieux. Hélas, mon ovaire gauche est sérieusement abîmé. Mes saignements, quasi permanents ces derniers temps, traduisaient étaient un début d'hémorragie. À une journée près, mes jours auraient pu être mis en danger. Comme on m'impose un traitement médicamenteux ayant pour fonction de bloquer mes cycles afin de faciliter la cicatrisation du curetage subi, en gros, je suis chimiquement ménopausée.

En entendant le diagnostic, Vladimir se confond en excuses. Et reprend son rôle de prince charmant aussi amoureux qu'attentionné.

88

Même si l'opération se déroule bien, les mois suivants ne sont pas glorieux. Différentes échographies dévoilent de nombreux kystes fonctionnels dans la région ovarienne. À trente-six ans, je suis officiellement déclarée stérile !

Nous nous lançons alors dans la monstrueuse aventure des fécondations in vitro… Entre les stimulations hormonales quotidiennes, les transferts d'embryons congelés et les prélèvements de follicules ovariens, mon emploi du temps oscille entre les visites à l'hôpital, un semblant de repos à la maison, le tout « agrémenté » de douleurs physiques, psychologiques et de disputes avec Vladimir qui ne supporte pas de me voir malade.

Je continue par ailleurs à donner quelques coachings de-ci de-là, sans grande conviction tant mon état de santé me préoccupe. Je suis très à l'écoute de mon corps et, là, je sais qu'il ne va pas bien.

*

Démoralisée par le résultat négatif d'une troisième FIV, j'appelle maman pour obtenir un peu de réconfort. Le tableau que je lui brosse n'est pas des plus positifs.

L'étiquette de la *Star Academy*, collée sur mon front, me ferme les rares issues de secours permettant de rebondir vers une activité professionnelle plus calme ; les FIV échouent les unes après les autres ; nos réserves d'argent s'amenuisent. Bref, la panique me gagne.

Maman, philosophe de nature et d'un caractère optimiste, me rétorque qu'il y a bien plus grave dans la vie. Décidément, cette phrase entendue depuis mon plus jeune âge demeure son arme favorite. Je raccroche quelques instants plus tard, déçue et désespérée de ne pas me faire comprendre.

Vladimir prend alors la décision de lui envoyer un mail. Puisqu'elle ne m'écoute pas, peut-être parviendra-t-elle à le lire…

Ses phrases sévères, accusatrices, mais qui reflètent la réalité de nos rapports, dénoncent une famille désunie alors même que je traverse une mauvaise passe. Je le laisse appuyer sur la touche « *enter* ».

*

Le résultat dépasse mes craintes. Du statut de « pas écoutée comme j'aimerais », je passe à celui de « délaissée » ! Vladimir s'est mis à dos toute ma famille et comme c'est avec lui que je vis, je le soutiens. À l'en croire, ils ne cherchent pas à comprendre, se défilent au premier problème, ne méritent pas que j'aie de la peine pour eux et me font du mal. Selon lui, il faut que je me protège. Et moi, nigaude, j'estime qu'il a raison. C'est tellement logique… pour lui. Effet collatéral, le mariage est reporté. Ce qui tombe bien puisque nous n'avons plus les moyens de le financer.

Ça tombe même rudement bien.

Le rapprochement avec Vlad suscité par cette dispute familiale demeure, hélas ! de courte durée. Une fois encore. À la
moindre occasion, il ne manque pas, en effet, de me faire
remarquer à quel point les gens ne m'aiment pas. N'ai-je plus
personne à part lui ?

Mais ses phrases assassines, ses allusions vipérines finissent
par me réveiller. Et attiser ma colère. Une colère mauvaise
conseillère puisqu'il n'est pas rare que je me mette à hurler
toutes les insultes possibles avant de m'effondrer en larmes. Je
suis vraiment au bout du rouleau, prise dans un étau atroce,
noyée dans un tourbillon de mauvaise conscience. De rares
moments de lucidité me font réaliser la gravité de la situation.
Malade – car son comportement relève de la pathologie –,
mon conjoint reporte ses échecs sur moi, me rend responsable
de notre isolement, m'accuse d'être taxé à travers moi, puisque
nous vivons ensemble, de l'étiquette « ringarde » de la Star'Ac.
Je suis donc fautive s'il ne décroche pas un boulot. Et d'ajouter
que je préfère m'occuper d'artistes n'ayant aucun talent alors
que lui en a. Nous sommes en vase clos et sombrons ensemble.

Je ne sais que faire pour me dépêtrer d'une situation qui
fait du mal à tout le monde.

Onzième partie

CINQUIÈME SAISON

90

Claquemurée dans mes tourments, enchaînée par mes doutes et cette situation délétère, quand Endemol reprend contact avec moi pour me proposer de participer à la cinquième saison, je ne peux qu'accepter. Après cette année terrible, j'ai besoin de rester à la surface, de respirer de l'air frais, de souffler, de voir d'autres personnes, de me laver la tête en bossant encore et encore. Ma seule exigence : ne plus être présente au casting et découvrir les candidats comme les téléspectateurs, le soir du premier prime.

*

2 septembre 2005. Nassim, Neïssa, Moïses, Mickaël, Chloé, Jill, Laure, Grégoire, Arno, Pierre, Maud, Jean-Luc, Alexia, Ély, Émilie, Pascal, Jérémy et Magalie font leur entrée sur un tout nouveau plateau de 2 000 m^2. Alexia reprend sa place de directrice et de nouveaux profs arrivent : Richard Cross pour le chant, Christophe Pinna pour le sport et Philippe Lelièvre pour la comédie. Je fais également connaissance avec Jasmine Roy, qui travaille aux côtés de Matthieu Gonet à l'occasion des répétitions des primes.

L'équipe me plaît bien et je me sens soudain un peu plus légère.

*

Lors de cette soirée, je remarque essentiellement un candidat qui détonne : Pascal. Nous avons pratiquement le même âge, il est père de famille et voilà un moment qu'il « rame » dans la musique. Avec lui, je songe qu'au moins je n'aurai pas à jouer les éducatrices et que dans le registre des émotions, il devrait se révéler assez fort.

Heureusement qu'il est là d'ailleurs parce que, très franchement, après avoir entendu les élèves se présenter dans mon premier cours, je conclus – peut-être hâtivement – que la création et l'imagination ne seront vraisemblablement pas à l'honneur cette année. Entre les sœurs jumelles qui chantent aussi bien que je dessine, Jill qui a l'air sortie d'un film érotique de M6, Chloé qui nous force à lire sur ses lèvres, Grégoire qui drague tout ce qui bouge, Arno dont le mot « naturel » ne fait pas partie du vocabulaire et Magalie qui est une fan totale de l'émission, je frémis : il va y avoir du boulot ! Mais après tout, tant mieux : au moins le challenge est motivant.

*

Nous bénéficions d'une marraine : Maria Carey.

Elle me fascine cette Maria. Outre le fait qu'elle chante évidemment très bien, elle incarne selon moi la caricature totale – et parfaite – de la star américaine. Entourée d'un staff de plus de dix personnes, elle donne l'impression d'être connectée en permanence sur le logiciel de retouche « Photoshop ». Pas une ride, le sourire un peu figé extra-blanc, une vraie bimbo. Et quelle démarche incroyable ! J'adore ! Mieux, elle ne marche pas, elle flotte ! À la voir, on se croirait dans une scène d'*Alerte à Malibu* où Pamela Anderson court au ralenti sur la plage. Ses chaussures sont en outre très conceptuelles : de vraies aiguilles comme talon d'une hauteur telle que le pied trouve un appui uniquement grâce au bout du gros orteil… D'où sa démarche « flottante » !

Pourquoi suis-je si précise sur ce point ? Parce que je m'amuse à noter ce genre de détails lorsque je ne suis pas transportée par l'artiste lui-même. Les capacités vocales de Maria Carey sont mondialement reconnues, indéniables même, et je respecte profondément l'aisance avec laquelle elle exprime sa musicalité, mais son interprétation manque selon moi d'émotion... Et quand je suis en manque d'émotion, je me polarise sur l'architecture alambiquée de certaines chaussures ! Chacun ses travers et son fétichisme, non ?

Ouf, au château, tout va bien. Mes relations avec mes nouveaux « petits » et les profs pointent au beau fixe. J'aime beaucoup les cours de Richard, de Philippe et Christophe. Comme nous allons dans le même sens, certains élèves font de *vrais* progrès. Un réel baume au cœur.

Évolution notable, je cherche à mieux comprendre l'envers du décor. Je m'intéresse ainsi plus aux aspects techniques. Un désir de reconversion ? Non, une saine curiosité en passe de renaître et le désir d'échapper à l'ambiance toujours aussi pesante de la maison. Et la volonté, encore, d'apprendre.

Ainsi, je me suis mise sérieusement à l'informatique et à Internet. J'ai même monté un site d'où je peux délivrer quelques informations. Non pour vouloir rester à tout prix dans le coup mais parce que je suis d'un naturel curieux. Cela me permet aussi d'échanger mes connaissances en la matière avec Alexane.

Je sais pertinemment que les tourments familiaux dans lesquels elle est entraînée à mon cœur défendant lui font de la peine et lui rendent la vie pénible. Je fais donc tout mon possible pour être auprès d'elle dès que je le peux et que Vlad ne nous en empêche pas. Nous échangeons donc des adresses de sites musicaux, humoristiques ou encore ludiques.

*

Je lie connaissance avec certains visiteurs, repérant et sélectionnant toutefois les internautes ayant de l'esprit, un certain humour ou un œil critique intéressant. L'une, prénommée Joëlle, intervient assez souvent, qui plus est avec pertinence. J'apprécie notamment qu'elle ne verse ni dans l'agressivité gratuite ni dans l'approbation totale. Ainsi, quand elle n'est pas systématiquement d'accord avec moi, elle ne manque pas de me le faire savoir. Autre vertu, elle ne se montre pas envahissante. Ses interventions, ses conseils et encouragements m'évoquent une maman qui garderait un œil avisé sur son enfant. Étrange sensation quand on ne connaît pas – *de visu* – les gens.

*

Cette ouverture sur un nouveau monde n'est pas sans susciter l'irritation – je minore – de Vlad. Rester en contact avec l'extérieur tout en me protégeant chez moi m'aide à « zapper » l'espèce de zombie qui végète à la maison. Un homme irascible qui, désormais – ça change –, me reproche de me faire influencer par ces internautes, forcément dépourvus de cerveau. Me voilà influençable maintenant ? Sans doute n'est-ce pas faux puisque je finis par me dire que ce garçon a un gros problème avec lui-même. Je ne parviens pas à mettre un nom sur ce qui relève selon moi d'une pathologie, mais je vais y arriver…

*

Alors je surfe. Et, une chance, Internet regorge de sites médicaux et de forums de discussion traitant des difficultés de la vie de couple. Passionnée, concernée, je vais passer des heures à lire des témoignages bouleversants. De femmes qui vivent toutes la même chose que moi ! Qui endurent la même mise à l'écart, se sont crues coupables alors qu'elles étaient victimes. À travers leurs propos, c'est mon « couple » avec Vladimir qu'elles semblent décrire : ange et démon, double personnalité, violence verbale, humiliation, excès de colère, culpabilisation, mythomanie, paranoïa, etc.

Cette révélation – c'en est une de constater que l'on n'est ni folle ni seule à supporter un tel calvaire – m'incite à approfondir la question. Or rien n'est moins simple, Vladimir sentant que je suis absente bien qu'à ses côtés et préoccupée par autre chose que lui. Enfin, façon de parler. Résultat, il se met à me surveiller, ajoutant ce énième défaut à sa panoplie déjà bien complète. Je découvre qu'il vérifie régulièrement l'historique de mon ordinateur, fouille dans mon téléphone portable. Sa conviction ? J'ai un amant. Décidément, il me connaît mal.

Car ce n'est pas à quelqu'un d'autre que je m'intéresse, mais bien à lui. En lisant les témoignages des forums, je comprends que ses craintes à mon sujet proviennent en fait de sa propre peur de céder lui-même à ces mêmes tentations qu'il croit voir en moi. Que ses reproches – totalement injustifiés – sont des projections de ses propres défauts. Que mes colères naissent toujours en réponse aux siennes. Que s'il m'arrive de l'insulter, c'est après m'être fait largement engueuler. Donc que l'habit de la folle hystérique dont il m'affuble est taillé à sa mesure.

J'ai alors pensé à ce qu'un médecin psychiatre psychanalyste m'avait confié en 2001 ; persuadée d'avoir un grave problème psychologique puisque tout le monde me détestait, il m'avait expliqué que mon « problème » résidait surtout dans une incapacité à imposer mes propres limites. Et d'arguer que, puisque mon mariage s'était soldé par un divorce, j'étais prête à accepter tout à n'importe quel prix pour réussir une nouvelle vie de couple. En tout cas, constater que de nombreuses femmes ont été dans la même situation que moi, qu'elles osent en parler, que les travers décrits correspondent trait pour trait à ceux de mon propre enfer, m'insuffle une surprenante énergie. Une nouvelle lumière s'allume dans mon esprit ; je n'ai plus besoin de me dénigrer pour exister ; je ne suis pas la source de tous les maux de notre duo. Le problème, ou plutôt la maladie – car il s'agit bien d'une maladie – doit être diagnostiquée chez Vladimir. Mieux, j'en viens à songer que garder le silence et m'enfermer, c'est n'aider personne.

Un déclic résonne enfin.

92

Comprendre le mal qui nous ronge, c'est faire un premier pas vers une guérison, voire une nouvelle vie. Et, depuis que j'analyse mieux le processus à l'œuvre en moi comme chez mon conjoint, mon travail s'en ressent. Je respire ; les autres aussi.

*

Un jour, je sors d'un cours épuisant, mais heureuse d'avoir provoqué un déclic d'interprétation chez Arno. Et je bipe sur mon répondeur.

« Vous avez un nouveau message... aujourd'hui, à 13 h 32... »

— Oui, c'est maman. J'espère que tout va bien. Je regarde la quotidienne dès que je peux et ça a l'air d'aller. Par contre, au niveau du casting, c'est pas terrible cette année ! Bon, rappelle-moi dès que tu peux parce que j'ai dîné avec Johnny hier soir et, apparemment, tu aurais un problème avec lui... Bisous à tout de suite...

Un problème, moi, avec Johnny Hallyday ? C'est quoi encore cette histoire ? Je ne le connais pas Johnny, nous nous sommes juste salués dans les coulisses lors de sa venue à l'émission ! Je rappelle ma mère :

— Oui c'est moi... ça va ?

— Oui, ça va, super...

— C'est quoi cette histoire avec Johnny ? Qu'est-ce que j'ai fait encore ?

— Rien rien, mais il m'a fait rire… On en est venus à parler de toi hier soir et je lui ai demandé comment s'était déroulée la rencontre avec les élèves. Il m'a dit que ça s'était bien passé évidemment mais que, d'après lui, tu ne l'aimais pas !

— Quoi ? Mais pourquoi ?

— Parce que, dans les coulisses, quand vous vous êtes dit bonjour, tu l'as vouvoyé !

— Eh bien oui. C'était la première fois que je le rencontrais, donc quand il est venu pour me faire la bise, je lui ai juste dit : « Comment allez-vous ? »

— C'est exactement ce qu'il m'a raconté ! Mais il en a déduit que tu ne l'aimais pas. Drôle non ?

— Merde alors ! Tu es polie et respectueuse avec les gens et ils en déduisent que tu ne les aimes pas ? Il est bizarre lui !

— Non. Il a l'habitude que tout le monde le tutoie, donc là ça lui a fait drôle ! Je l'ai rassuré et j'ai expliqué que tu avais assisté à tous ces spectacles et que tu adorais le voir sur scène. Donc que ton vouvoiement était une marque de respect. Et comme en plus tu es d'un naturel assez timide, et pas « show-biz »…

— OK ! En somme, la prochaine fois que je le verrai je lui taperai dans le dos en lui lançant : « Ça va ma couille ? »

— (Rires.) Ah oui, tu peux maintenant ! En tout cas, ils t'adorent avec Laetitia ! Ils te trouvent juste et super investie avec les mômes…

— C'est cool ! Venant de Johnny Hallyday, le roi de la scène, je suis très touchée !

*

Dorénavant avertie du quiproquo, je sais à quoi m'en tenir. Quand il revient la seconde fois durant cette cinquième saison, je vais donc vers lui lors des répétitions, et le tutoie sans formalité. Il apprécie et nous échangeons nos points de vue sur certains élèves. Pascal fait d'ailleurs un duo superbe sur la chanson *Ma gueule*.

93

Chaque année, lors du dîner profs-élèves au château, il est une tradition que Matthieu et moi-même respectons scrupuleusement : le retournement des chambres. Nous avons instauré ce défoulement, puéril mais ô combien jouissif, durant la deuxième saison, ce qui nous avait alors valu une bataille d'eau mémorable avec Houcine et Georges-Alain. Or, les belles traditions, on n'y déroge pas.

*

Un jour de cette année 2005, la voix off, préalablement briefée en régie, nous appelle en prétextant une interview. Tout le monde étant à table dans la cuisine, nous avons quartier libre.

Avec un soin minutieux, nous retournons les matelas dans les chambres. Les placards et valises sont renversés et vidés, les sommiers mis à la verticale contre les murs et les paires de chaussures bien éparpillées. Sur un lit, se trouve un étui d'instrument – probablement celui du violon d'Émilie – que nous prenons soin de poser sur l'un des matelas désormais à terre.

Fiers de la nouvelle décoration élaborée, Matthieu et moi passons ensuite en salle d'interview livrer un compte rendu détaillé de l'opération. La soirée se poursuit autour du piano : personne n'étant remonté dans les chambres entre-temps, nous partons vers minuit, excités comme des gamins à la perspective des réactions. Nous n'allons pas être déçus.

Les bureaux sont branchés sur le live qui nous dévoile en direct la découverte du gag. Certains rigolent, d'autres hurlent à la vengeance potache mais une élève prend les choses dramatiquement. En constatant le changement de place de son violon, Émilie est persuadée qu'il a été malmené et l'exprime d'une façon qui ne me plaît pas.

— Oh putain les enfoirés ! Mon violon ! Oh les connards ! Quelle bande de cons ! Mais qui a fait ça ? Faut vraiment être con pour faire ça, c'est mon violon putain ! Si jamais il est abîmé, je vous jure qu'ils vont m'entendre !

Le violon n'a rien bien sûr ; Matthieu et moi étant un peu musiciens, nous avons capté qu'il ne s'agissait pas d'un sac de linge sale.

Après avoir ouvert l'étui et vérifié que son instrument n'avait rien, Émilie persiste quand même à râler vertement.

— Tu sais qui a fait ça ? C'est vraiment un connard celui qui a fait ça ! continue-t-elle.

— Ça doit être Raphie et Matthieu quand ils ont été appelés en ITV…, répond l'un.

— Ouais. Ben c'est des connards !

Très bien, nous sommes donc des connards. Et les connards rentrent chez eux.

*

À la maison, je me branche naturellement sur le live afin de voir si Émilie s'est enfin calmée. Ah non, elle continue avec ses histoires de connards ! On la voit se diriger vers chaque élève pour raconter une catastrophe qui n'a jamais eu lieu et persiste à nous traiter de cons ou connards, au choix… La violoniste commence à me gonfler, mais je vais me coucher.

*

Au réveil, rebelote. J'allume la télé pour découvrir le travail des élèves dans les différents cours. Ce matin-là, ils ont sport avec Christophe Pinna et le jogging sur la pelouse humide devant le château donne souvent lieu à de belles gamelles qui me font – je dois l'avouer – assez rire. Mais voilà qu'entre deux des douze cafés très allongés que je prends en me levant, j'entends Émilie parler à Christophe :

— Tu te rends compte ? Ils ont retourné les chambres et mon violon avec ! Quelle bande de connards !

Encore ? Mais pourquoi est-elle bloquée sur cette histoire de violon qui n'a rien ? Pourquoi nous traite-t-elle encore de connards ? Elle se prend pour qui, cette élève coincée et prétentieuse ? On ne m'insulte pas, et a fortiori devant des caméras. Mon cours va être chaud !

*

Déjà fatiguée par l'émission et pas à prendre avec des pincettes vu le contexte personnel, je suis dans une colère noire en débarquant au château. L'humeur du jour va m'aider à utiliser l'incident.

Au moment où elle s'avance en affichant son plus beau sourire et s'apprête à prendre la parole, je la coupe dans son élan afin de lui délivrer mon « message » :

— Émilie, je voulais te dire un truc. Ton violon n'a rien ! Tu nous insultes Matthieu et moi depuis hier soir parce que ton humour est aussi absent que le balai que tu as dans l'cul est long ! Je n'ai pas attendu d'avoir trente-sept ans pour me faire insulter, et en public en plus. Mais où as-tu été élevée ? C'est un manque de respect inadmissible pour moi ! Je veux bien que tu aies eu peur pour ton instrument, mais une fois que tu as vérifié qu'il n'avait rien, tu aurais pu rigoler avec les autres ou, au pire, ranger tes affaires en silence. Mais non, Mademoiselle a besoin de se faire remarquer. Mademoiselle a besoin de l'ouvrir. Mais ma pauvre, tu ne sais pas à qui tu as à faire, alors je me fiche de ton humeur du jour et te demande de prendre tes affaires et de sortir. Je ne veux plus te voir tant que je n'aurai pas eu d'excuses de ta part ! Tchao !

*

Je l'admets, voilà qui est exagéré et pas très classe. Mais que l'on me pardonne, c'est la seule fois où j'ai vraiment perdu mon sang-froid. J'étais réellement touchée et blessée par ses propos, trop outrés pour une blague de potache sans conséquence. Étrangement, alors que je peux tout endurer à la maison, qu'on mette en cause un aspect de ma vie professionnelle m'a fait sortir de mes gonds.

Mieux, durant ce « pétage de plomb », je me fiche des caméras, du montage de la quotidienne du lendemain et de ce que peuvent penser les téléspectateurs figés devant le *live*. Je n'ai jamais insulté quiconque en cours, ni personne d'autre – en dehors de Vladimir et malgré moi –, pas question que je me laisse traiter ainsi. C'est ainsi et pas autrement.

Le montage du lendemain présente clairement le contexte de ce coup de gueule. Parfait. Et Émilie vient me présenter ses excuses peu après. Nous pouvons reprendre le travail : je ne suis pas rancunière.

94

Stevie Wonder. M. Stevie Wonder en personne est annoncé sur le prochain prime. Alors ça, c'est énorme ! Je n'ai manqué aucun de ses trop rares concerts parisiens et voilà que je vais assister à ses répétitions sur notre plateau. Un événement sans précédent à mes yeux. Son dernier album *A Time 2 Love* est une pure merveille et je me réjouis de l'immense privilège de pouvoir vivre ce moment.

*

Sur le plateau, on évacue les personnes n'ayant aucun rapport direct avec la séance de répétition. Le *backline* est mis en place et les musiciens de l'artiste font leur entrée. Après une balance-son pour chaque instrument, les cuivres attaquent l'intro de *Sir Duke*. C'est magique, somptueux et fabuleux. J'ai déjà la gorge qui se serre et des picotements de bonheur dans les yeux. M. Wonder apparaît et s'installe derrière son clavier. Aucun chuchotement sur le plateau, chacun vit intensément cet instant d'exception. S'élève alors *Master Blaster* puis *As* en medley. Suivis de ses plus grands tubes durant près de vingt minutes. En observant autour de moi, je vois Jasmine, Nikos et Étienne Mougeotte – oui, oui, en personne – aussi émus.

Un moment unique que personne n'oubliera jamais, moi la première.

*

En revanche, je vais m'efforcer d'oublier la prestation de Jean-Luc, désigné pour chanter en duo avec lui le soir même. Comme il n'a pas le niveau, le résultat est navrant. Je regrette que le choix ne se soit pas porté sur Émilie, elle aurait pu tenir la barre.

*

Il y en a un qui assure grave, c'est Pascal. Il a de la « bouteille », comme on dit, ose, donne. Après sa prestation très réussie aux côtés de Johnny, voilà qu'il me scotche dans son interprétation de *Sunday Bloody Sunday*. Grâce à lui, U2 fait maintenant partie de la programmation musicale de l'émission.

Alors, certes, Pascal ne fait pas l'unanimité, son style « rock » n'est pas du goût de tout le monde mais c'est précisément ce qui me séduit chez lui. J'aime les artistes dotés d'une réelle identité, possédant un petit quelque chose d'original, voire d'unique.

Je sais l'aventure difficile pour lui. Avoir trente-sept ans et se retrouver avec des gamins de vingt ans procure forcément un sentiment de solitude. Je m'efforce d'être présente à ses côtés et, au moindre signe de faiblesse, de trouver les mots susceptibles de le réconforter. Il est important pour moi que des artistes comme lui viennent dans l'émission. Je n'ai rien contre la variété française – bien au contraire – mais des styles musicaux plus personnels et originaux enrichissent le programme.

Pas de doute, définitivement, j'apprécie ceux qui sortent du lot.

95

Le tournage du clip de « Santiano », le titre où apparaît toute la promo, est annoncé. Une idée me vient : accompagner mes « petits » pour cet enregistrement qui a lieu en Normandie. La prod valide. Nous partons donc ensemble après le prime dans le fameux car de la *Star Academy*. Une équipe de tournage nous accompagne afin de filmer les coulisses d'une journée qui s'annonce très longue. Durant les deux heures de route, chacun s'affaire à apprendre sa ou ses phrases. Ambiance détendue mais studieuse.

Je fais connaissance avec Alex, le cadreur, Bruno, qui s'occupe du son et David, le journaliste. Des garçons sympas. Cela me fait un bien fou de rire en leur compagnie durant le trajet. D'autant que la journée s'annonce rude : arrivée à l'hôtel vers deux heures du matin et réveil prévu à cinq heures pour le maquillage, la coiffure et le stylisme des élèves. Youpi !

*

Novembre et la Normandie, inutile donc d'évoquer l'état météorologique du jour. J'assiste au difficile exercice de « comment tourner un clip en douze heures »... Les scènes sont enregistrées plusieurs fois, sous des angles différents. Mes « petits » se prêtent au jeu sérieusement et assez facilement. Une réussite. Mais le timing est serré : aussi nous revenons au château vers vingt-deux heures, débriefe du dimanche oblige.

Bon, ce n'est pas le plus tonique de la saison, mais nous continuons à travailler tout de même jusqu'au bout. Et, au moins, j'ai pris l'air, appris encore et passé un bon moment.

*

Quand je rentre à la maison, assez heureuse de ce week-end, je reçois une averse de questions insidieuses :

« Y'avait qui ? T'as dormi où ? Et avec qui ? »

J'avais une chambre pour moi seule, mais j'y ai forcément invité tous les mecs présents ! Une immense partouze dans un hôtel normand, je ne vous dis pas.

En regardant les photos prises durant la journée chargées sur mon ordinateur, Vladimir bloque sur Alex. Et, partant juste de son prénom, va entreprendre une enquête digne de Columbo. Après avoir fouillé dans mon téléphone et récupéré son numéro, il obtient son nom de famille ainsi que d'innombrables renseignements que moi-même j'ignorais.

Par le plus grand des hasards, Alex va alors recevoir des dizaines d'appels en masqué aussitôt raccrochés. Et ce durant plusieurs jours. Je le constate par moi-même lors d'un déplacement effectué avec Jeremy et lui à Toulouse pour une séance de dédicaces. À l'aéroport d'Orly, je le vois répondre sans arrêt à son téléphone. Au bout de plusieurs coups de fil raccrochés, il m'avoue recevoir des coups de fil anonymes en grand nombre. Je ne mets pas longtemps à supputer l'identité du malin qui a trouvé un nouveau jeu pour agrémenter ses journées. J'explique rapidement à Alex, honteuse et en colère, qu'il se pourrait que mon conjoint ait décidé de lui pourrir la vie. Et je lui promets de régler ça au plus vite si c'est le cas.

Vladimir nie être l'auteur d'un tel harcèlement.

— Pourquoi tu m'accuses ? demande-t-il. Tu as quelque chose à te reprocher ?

— Absolument pas, je te connais c'est tout ! Et comme je te connais, j'ai prévenu la production que mon mec pétait vraisemblablement les plombs. Je préfère prendre les devants.

— C'est toi qui es folle de raconter ta vie privée à tout le

monde ! tempête-t-il. Tu n'as aucune preuve que c'est moi.
Pauvre fille va !

Des preuves ? Columbo refait surface on dirait. Certes je
n'en ai pas de formelles mais je connais son mode d'emploi.
Et si ce n'est pas lui – qu'il m'en excuse – au moins ai-je tenté
de résoudre le problème.

Faut-il y voir un lien de cause à effet ? Les appels intempestifs cessent.

96

Le climat ne se départant plus de l'atmosphère « orageux en fin de journée et même tout le temps », à quoi bon poursuivre les FIV ? Comme la dernière se déroule particulièrement mal – mauvais réveil suite à l'anesthésie, aucun follicule prélevé, des piqûres d'hormones qui dessinent des hématomes sur mon ventre –, j'arrête.

*

Je n'aurai plus d'enfant et alors ? De toute façon, je n'aime plus Vladimir. Et je souhaiterais même qu'il trouve un travail et quitte MA maison. Pourquoi employer cet article possessif intempestif ? Parce que je continue à payer les traites seule, ainsi que toutes les factures se rapportant à notre domicile. Vladimir a réglé quelques extras quand il avait de l'argent, mais maintenant il n'y arrive plus. Reste que je me vois mal le mettre dehors, tant la culpabilité me rongerait. Aussi je prends mon mal en patience, plus légère toutefois d'avoir enfin décidé que notre histoire cauchemardesque allait prendre fin. À moi de l'aider. Et de me séparer de ce garçon prétentieux, égoïste, parano, mythomane, irrespectueux, calculateur, lunatique, verbalement violent et – au final – malheureux.

*

Mais il sait l'art de toucher là où ça fait mal, là où ma sensibilité est grande, là où il ne faut surtout pas me titiller. Et notamment en critiquant ma fille.

Or je me fais un point d'honneur à essayer d'élever Alexane au mieux, d'être à son écoute et de privilégier le dialogue malgré les circonstances. L'expérience de mes parents m'ayant montré à quel point avoir un enfant constitue la plus grande des responsabilités, je ne perds jamais une occasion d'être avec elle.

Je n'ai pas souhaité travailler durant ses trois premières années pour rester à ses côtés, voir ses premiers pas, avertir la petite souris quand une dent de lait venait de tomber, lui raconter des histoires fantastiques, faire venir le vrai Père Noël à la maison, la soigner lorsqu'elle était malade, nous amuser à repeindre les murs de la cuisine avec la purée qu'elle souhaitait manger seule comme une grande. Elle n'a jamais reçu de fessées et encore moins de coups. À l'époque du divorce, j'ai pris soin de prévenir la directrice de son école pour que celle-ci me tienne informée du moindre changement de comportement. J'ai trouvé important également de rester en bon terme avec son père afin que ses fondations ne s'en trouvent pas démolies. Elle ne m'a d'ailleurs jamais entendu le critiquer – je n'avais de toute façon aucune raison de le faire –, ayant trop mal vécu ce genre de situation moi-même. Aussi il est hors de question d'entendre Vladimir affirmer qu'elle est mal élevée ou la critiquer.

Qu'il soit jaloux de notre complicité toujours grandissante, je le conçois mais en aucun cas on ne touche à ma fille !

97

Contre toute attente, Magalie gagne la Star'Ac 5. Le public a fait son choix, et je n'y adhère pas. Mais bon, on s'en fiche de mon avis. Ayant des goûts assez particuliers, cloisonnant parfois, je respecte le résultat. Ce que je déplore cependant, c'est de constater que le public, qui a voté surtout *contre* l'avis des profs, ne la suit pas quand sort son album. Un mépris dégueulasse ! Il est évident que je ne referai pas l'histoire, mais je sais la souffrance que peut éprouver, aujourd'hui, Magalie. La cruauté, c'est celle de la foule qui encense, insulte, broie, jette sans retenue ni logique.

Douzième partie

GLISSADES

98

Mars 2006, le téléphone sonne :

— Salut Raphie, c'est Christian. Tu vas bien ?

— Salut Christian, oui super et toi ?

— Écoute ça roule. Je t'appelle pour te proposer une émission de télé un peu particulière. Ça te dirait d'apprendre à patiner avec Philippe Candeloro ?

— Oh bien sûr. Mais avant ou après le coaching que je dois donner à Michaël Jackson ?

— Non non, je te promets, c'est sérieux ! On organise un prime durant lequel des célébrités présenteront différents programmes en couple avec des champions de patinage artistique. Il y a cinq semaines d'entraînement à raison de quatre heures par jour dans une patinoire construite exprès en studio. Philippe supervisera les séances et des membres de son équipe vous coacheront.

— Eh ! Je fais un peu de roller mais je n'ai jamais chaussé de patins à glace !

— C'est encore mieux !

— Ben voyons… elle commence quand ton histoire ?

— Le mois prochain… Je te précise qu'il y aura aussi Jean-Pascal.

— Ah tout va bien alors ! On n'est pas à l'abri de se fendre la gueule !

Bon, va pour le patin avec Philippe Candeloro, au point où j'en suis.

*

J'ai toujours pris plaisir à regarder les différents championnats de patinage à la télévision. J'aime cette alchimie de performance sportive et artistique. Je connais aussi la carrière de Philippe, ce trublion drolatique mais ô combien talentueux qui a révolutionné l'histoire de sa discipline en bousculant des règles conservatrices. Encore un que j'apprécie parce qu'il prend soin de ne pas entrer dans les cases. Je fais donc la connaissance de cet homme charmant, cocasse, nature et passionné. Son équipe – à son image – me présente mon cavalier de champion, en la personne de Yannick Bonheur.

*

Les « quatre heures par jour durant cinq semaines »… je les sens douloureusement passer. On n'imagine pas la difficulté de ce sport. Patiner paraît facile quand on voit virevolter un patineur bien au calme derrière notre téléviseur mais rien n'est moins vrai. Je passe sur les chevilles et les pieds en sang, les bleus que je collectionne sur tout le corps, les douleurs multiples et intenses qui me font découvrir des muscles dont je ne soupçonnais pas l'existence et j'en arrive au prime.

Or là, j'ai deux côtes cassées puisque, c'est bien connu, trop de portés cassent les côtes ! Pour autant, pas question que j'annule ma participation à l'émission. Je consomme donc des antidouleurs et anti-inflammatoires puissants. Résultat, je présente mes programmes aux côtés de Yannick comme si j'avais fumé plusieurs joints. Le pauvre ! qu'il a dû être difficile de trimbaler un boulet d'un mètre soixante-quatorze alors que sa coéquipière habituelle fait trente centimètres de moins que moi et possède un niveau bien supérieur au mien. Mais nous sommes là pour nous amuser et tenter de présenter un beau spectacle.

*

Vladimir et Alexane, eux, vivent cette soirée très spéciale dans le carré VIP. Comme mon conjoint irascible se sent délaissé, il se plaint ouvertement, et à qui veut l'entendre, de mon absence. À l'en croire, je ne m'occupe pas assez de lui. Eh, oh, je bosse moi ! Pour se consoler, il enchaîne les coupes de champagne. De mon côté, avertie, je tente de rester concentrée : pas question de lui accorder le plaisir de me gâcher ce bon moment. De fait, au terme de l'émission, je monte sur la troisième marche du podium… épuisée mais heureuse. Yeah !

99

L'été qui précède la sixième saison, je vais en vacances dans le sud-est de la France, près de Saint-Jean-Cap-Ferrat, pour y voir mes amis Ninie, Seb et Cédric. Et, un jour, une idée saugrenue germe dans ma petite cervelle : Antibes n'est pas très loin.

Or que se passe-t-il à Antibes ? Mes copains tursiopes m'attendent.

J'ai en effet pris l'habitude, à chaque fois que je descends dans la région, d'aller les voir. Aussi pas question de déroger à la règle. Oui mais cette fois, je vais oser aller plus loin.

J'appelle Vincent, du service de presse de TF1.

— Coucou mon Vincent, c'est Raphie tu vas bien ?

— Oui et toi ? Tu es en vacances ?

— Oui, à côté de Nice. Soleil, plage… à la cool quoi ! Dis-moi, j'ai un truc à te demander. Tu connais mon amour absolu pour les dauphins et tu sais que le Marineland n'est pas loin. J'ai vu hier, dans *Nice Matin*, qu'Estelle Lefebure avait nagé avec eux. Alors je ne suis pas Estelle, bien sûr, mais je voulais savoir si tu pensais qu'il serait possible d'organiser pour moi une rencontre avec John Kershaw, le directeur du parc. J'aimerais en effet lui poser trois milliards de questions sur mes petits copains et peut-être avoir la chance d'en approcher un ! Je sais, je demande l'impossible et ça doit te sembler bizarre mais je tente le coup quand même…

— Écoute non, l'idée me paraît sympa. On pourrait même faire un reportage photo sur les vacances de Raphie et annoncer la prochaine saison de Star'Ac dans la foulée. Je me renseigne et te rappelle.

— Chouette !

Moins d'une heure après, mon téléphone sonne.

— C'est Vincent… Alors tu as rendez-vous demain matin à neuf heures devant l'entrée principale du parc. John sera là pour t'accueillir. Prends ton maillot car tu vas nager avec tes potes durant une heure. Un photographe de *Nice Matin* viendra te shooter pendant le dernier quart d'heure. Je te précise que le parc ouvre à dix heures, tu seras donc seule avec tes bestioles !

— Nannnnnnn ! Énorme ! Génial ! T'es au top ! Merciiiiii ! Au passage, ce ne sont pas des bestioles mais des mammifères marins, dits encore tursiopes !

— Oui oui, bien sûr ! Allez, éclate-toi !

J'ai les larmes aux yeux : je vais nager avec des dauphins et je vais faire la connaissance de Joséphine, LA Joséphine du *Grand Bleu* !

*

Ce film a marqué ma vie et pour maintes raisons. Qu'on en juge. Ayant toujours aimé les dauphins, je ne ratais jamais, enfant, un épisode de *Flipper*. Quand le film de Luc Besson est sorti, le 11 mai 1988, j'étais dans la salle avec mon mari. Et l'histoire, inspirée de la vie de Jacques Mayol, m'a d'emblée séduite. Jean-Marc Barr et Rosanna Arquette y étaient aussi beaux qu'Alain Delon et Romy Schneider dans *La Piscine* et le charisme de Jean Reno impressionnant. Comme Éric Serra avait composé une bande originale de toute beauté, je me suis mise à écouter le CD en boucle. Mieux, il se trouvait sur la cassette audio prévue à mon accouchement. De fait, mes seize heures en salle de travail, ont été bercées – merci – par cette BO. De quoi supporter mieux mes douleurs. Enfin, moins mal. Alexane est donc née sur la musique du *Grand Bleu* !

*

8 heures 55, je trépigne d'excitation devant l'entrée principale du Marineland. John m'accueille très gentiment. Le parc étant vide, j'ai droit à une visite guidée jusqu'au bassin des dauphins. Je le harcèle de questions en tous genres et apprécie son extrême patience. Puis je passe dans la cabane des soigneurs afin d'enfiler ma tenue et partir à la rencontre de mes « camarades ».

L'eau est un peu froide, mais j'oublie vite mes « chichitages » à la vue des sept dauphins du bassin nageant vers moi. C'est plus impressionnant encore de si près ! John me montre Joséphine. Et m'explique que, doyenne du bassin, elle n'appréciera guère qu'une femelle étrangère s'immerge dans son territoire. De fait, elle me teste durant une bonne demi-heure. Je reste un moment assise au bord du bassin les pieds dans l'eau. Joséphine feint de me mordiller pour tester mes réactions. John me recommande de ne pas bouger, ce que je fais volontiers mais pas sans appréhension.

Vient le moment fatidique où je glisse dans l'eau. Et où je me retrouve au milieu de sept dauphins magnifiques mesurant plus de deux mètres. Je prends soudain la mesure de ma petite personne avec beaucoup d'humilité. J'essaie de les ressentir et je crois que, de leur côté, ils font de même. Ne cherchant pas à faire avec eux les numéros pour lesquels ils sont dressés – ce serait leur manquer de respect –, je me tiens au bassin de la main gauche et laisse flotter mon bras droit. Joséphine et sa famille s'amusent alors à passer sous ma main et à frôler mes jambes. Je suis totalement confiante. Mieux, ravie de pouvoir vivre un tel moment. Ils doivent le sentir car, une fois que John m'a donné des ballons à lancer vers eux, ils les renvoient sans lassitude. Nous jouons quelques minutes. Après avoir jeté un coup d'œil aux estrades vides, je réalise ma chance et la magie de cet instant. Si la notoriété n'est pas toujours une sinécure, cette fois j'adore. Je serais capable d'embrasser Alexia sur la bouche !

*

Cette journée restera à jamais ancrée dans mon cœur. La peau étonnante, les frôlements, les caresses et le gros « bisou » final de Joséphine au moment de partir sont à jamais inscrits en moi. À peine revenue en Seine-et-Marne, me voilà d'ailleurs chez le tatoueur pour graver sur ma hanche droite la bouille de ce merveilleux animal.

Treizième partie

LE TON MONTE

100

Nouvelle saison et nouvelle plongée… dans le grand bain de la *Star Academy*.

Le 1ᵉʳ septembre 2006 à 20 h 55 nous découvrons Cynthia, Elfy, Fafa, Cyril, Gaël, Céline, Brice, Ludovic, Eloisha, Marina, Jean-Charles, Laurent, David, Judith, Nicolas et Dominique pour la 6ᵉ édition. Bonne surprise, le niveau artistique est supérieur à l'an passé et, franchement, je m'en trouve bien. Les cours se déroulent d'ailleurs à merveille. Mes « petits » débordent de ressources et je prends plaisir à travailler avec eux.

*

Nicolas fait partie de mes préférés de l'année. J'apprécie les gens sortant de l'ordinaire et lui n'a vraiment rien d'ordinaire. Il possède une puissante voix à la « Garou », un physique de videur de boîte et un franc-parler salutaire. Passionné par la musique depuis son plus jeune âge, ne lésinant pas sur le boulot, doté d'une culture musicale qui m'interpelle aussi – elle va de Springsteen à Lama –, sa personnalité m'intéresse. Cela ne l'empêche pas d'être vite parmi les nominés, son niveau s'avérant encore faible. Lors du prime, installé dans une loge à part, il doit chanter « Gabrielle » en hommage à Johnny, invité d'honneur de la soirée. Ma propre loge se situant à côté de celle des trois nominés, il m'arrive donc de discuter avec eux afin de sonder leur état d'esprit. À côté de l'espace des « parias », il y a aussi un escalier donnant accès aux toilettes ainsi qu'aux loges des invités. Comme cela arrive à tous, je descends satisfaire un besoin pressant et, à la sortie, tombe sur Johnny, mon nouvel ami que je tutoie. On se fait la bise et, alors qu'on entame la conversation, des vocalises et paroles nous interpellent. Nico, en haut de l'escalier, répète *Gabrielle*.

— Oh Nico, c'est pas bien fini ce bordel ? lui dis-je en riant.

Il apparaît en haut des marches.

— Viens là que je te présente !

Après lui avoir serré la main, notre adorable Johnny lui donne un conseil :

— Tu ne veux pas la tuer, Gabrielle ?

— Heu... non !

— Bah alors, souris !

Le patron a parlé. Je n'ai rien à ajouter.

101

Lors d'un débrief, je visionne une séquence où Arno chante en duo avec un grand artiste. Estimant l'arrivée d'Arno sur le plateau catastrophique, je lui demande :

— Dis donc, c'est quoi cet air d'ahuri-là ?

— Bien... En fait... Heu... Je ne peux pas expliquer ici mais... c'est normal...

— Heu... Heu... Heu... ! Tu n'as pas fini avec tes heu ? C'est quoi cette excuse bidon ? Tu sais très bien qu'une entrée en scène est super importante, or là, tu l'as loupée !

— Oui... mais je n'ai pas pu faire autrement.

— Pardon ?

— Je ne peux pas le dire ici, impossible !

— OK, on voit ça plus tard...

*

Je n'insiste pas, comprenant à son expression qu'il a une bonne raison. J'attends donc la fin du débriefe et le prends à part. Nous plaçons la main sur les micros et chuchotons :

— Alors, c'est quoi cette histoire ?

— En fait, je pense qu'il avait un peu bu... Même beaucoup d'ailleurs. Parce que juste avant l'entrée, il s'est vautré par terre, alors je l'ai ramassé lorsque les panneaux se sont ouverts pour nous laisser passer. C'est pour ça que je le soutiens par le bras et que j'ai l'air super inquiet !

— Oh merde ! On ne l'avait pas encore eue celle-là. Effectivement, je comprends mieux ta tête. Ça a dû être sympa pendant toute la chanson ?

— Ne m'en parle pas. J'avais la trouille qu'il s'écroule à n'importe quel moment. Et je ne te raconte pas son haleine !

— Mon pauvre ! Bon et bien ça, c'est fait, hein ? C'est cool alors, tu as assuré.

*

Le lendemain matin, je reçois un appel.

— Salut Raphie, c'est Céline Géraud.

— Salut Céline, tu vas bien ?

— Impec, oui ! Dis-moi, suite au sujet qu'on a fait ensemble pour *Auto-Moto* au salon de l'Auto avec toi, j'ai eu une autre idée de tournage : ça te brancherait un stage F1 sur le circuit du Castellet ?

— (Rires.) Bien sûr, mais seulement si c'est Schumi qui m'instruit !

— Non sérieux ! On fait une op. pour la sortie d'une nouvelle voiture sportive et on pourrait concilier ton stage sur la même journée.

— Pfou ! Heu bien sûr, OK !

C'est ainsi que je me retrouve dans une Formule 1, sur le génialissime circuit du Castellet, à avoir la peur de ma vie juste avant de monter dans l'engin mais à m'éclater pendant et à ne pas en revenir après !

Ce jour-là, j'ai compris tout le sens des mots vitesse et puissance, fière de mes 300 km/h au bout de la ligne droite des stands. Mais j'ai également compris pourquoi il n'y a pas de femmes en F1 : c'est trop physique et puis c'est tout !

Merci Céline pour ce privilège exceptionnel.

102

Dans cette édition, tout roule. La machine est bien huilée, les élèves progressent, je suis heureuse. Mais un gros grain de sable va gripper cette belle impression. Le soir du prime « spécial tournée », dans le jury, je découvre que les jeux sont faits pour l'un des candidats avant même sa prestation ! Une stratégie qui va me mettre en rogne.

*

Des professionnels (de la profession) ont été ajoutés aux membres habituels du jury. Pascal Guillaume (producteur de la tournée *Star Academy*), Matthieu Gonet (directeur musical de la tournée *Star Academy*) et Jackie Lombard (je crois productrice de spectacles) viennent prendre place à nos côtés.

Et notamment assister à l'interprétation, en duo, de *L'Envie* par Nicolas et Gaël. Qui tous deux assurent chacun pour des raisons différentes. Gaël possède une belle étendue vocale et une technique bien avancée ; il lui manque juste un peu de niaque pour être au top. Nicolas, quant à lui, revient de loin. Deux mois auparavant, il n'avait aucune notion de l'importance du point de regard. Il arrivait sur le plateau l'air ébahi, tellement content d'être là que ça lui donnait un air idiot, ce qu'il est loin d'être. Sa technique vocale laissait encore à désirer mais, depuis, il a accompli de sacrés progrès. Je note donc les élèves en fonction de leur prestation sur le prime mais aussi de leur évolution au fil des semaines. Une conception pour le moins naïve.

*

Durant la prestation, Matthieu, installé à ma gauche, me chuchote à l'oreille :

— Tu as été briefée pour Nico ?

— Heu… Non, du tout. À quel propos ? Tu as été briefé toi ?

— Oui, Sylvie nous a réunis dans une loge et demandé de mettre une note assez basse à Nicolas parce que sa présence n'est pas souhaitée sur la tournée… Mais je ne t'ai rien dit, hein ?

— Je ne dirai pas que c'est toi mais s'il ne part pas en tournée pour cette raison, ça va chier !

La consigne que je viens d'entendre me sidère mais je me concentre sur le spectacle. Gaël et Nico sont en symbiose totale avec la chanson et les musiciens. Nico, classe, droit sur ses jambes, le regard plus déterminé que jamais, se bagarre comme un chef.

Fin de la chanson. Le public explose. Je suis fière de leur prestation et mets un 16 aux deux artistes.

*

Nikos s'avance avec les élèves vers nous pour découvrir et commenter les notes. On commence par Nicolas : 14, 10, 12, 16, 13, 11 et 12. Je suis atterrée par le 11 et le 10 !

Au moment où Nikos donne la parole à Mme Lombard, le public se met à la huer. Une habitude dans l'émission mais qui, cette fois, va durer plusieurs minutes, une grande première. Elle tente de justifier sa note :

— Le public l'adore, mais je ne veux pas me laisser influencer par ça. Il manque un peu de légèreté, il n'est pas encore très sûr de lui et, si je dois faire une tournée, je sais qui choisir et qui est nécessaire à une tournée.

Nikos se tourne alors vers moi.

296

— Oui, moi j'ai mis un 16 parce que Nico, depuis deux mois, est une de mes plus belles révélations, dans son travail comme en interprétation. Ce soir, tous les deux m'ont mis les larmes aux yeux. Ils se sont défoncés, ils ont chanté avec le cœur et c'est tout ce que je demande à un artiste. Merci à vous deux !

Pour une fois, le public me soutient. Nico, lui, me fait un clin d'œil. Mais je suis ultra furieuse. Si tu savais qui il faut sélectionner pour une tournée, madame Botox, tu l'aurais pris parce que ta première phrase est la seule qui soit juste : le public l'adore ! Et d'un point de vue artistique, nous sommes bien au-dessus d'un Jean-Pascal de la 1re saison qui, lui, est parti en tournée. J'essaye de contenir au mieux ma colère, mais je trépigne intérieurement. J'ai en plus craint que Nico réagisse, mais non, il a été classe jusqu'au bout et a remercié les musiciens avant de sortir.

*

À l'annonce des résultats, apprenant alors que Nicolas et Elfy ne participeront pas à la tournée, c'en est trop pour moi : je me lève et quitte le plateau. Le public a encore voté n'importe quoi, et le jury éliminé l'un des élèves fédérateurs de la saison. Elle va être belle leur tournée.

Le lendemain, pour le traditionnel débriefe, l'humeur du jour est un peu spéciale. Chacun leur tour, les élèves évoquent l'élimination de Nicolas, beaucoup l'estimant injustifiée. Je choisis alors de me lever et de raconter ce que je sais. Comme ils ont senti quelque chose d'étrange, je ne veux pas cautionner le trafic de la veille.

À la fin de l'explication, ils se lèvent pour m'applaudir. J'ai bien fait de jouer franc-jeu.

— Voilà, maintenant, si vous me le permettez, nous allons regarder le prime comme d'habitude. Mais, aujourd'hui, je ne ferai aucun commentaire. En revanche, je vous encourage vivement à faire votre autocritique !

*

Le lendemain, j'allume ma télé pour surveiller ce qui va être diffusé. Ayant boycotté le débrief, je suis curieuse de voir le montage. Nikos annonce un événement sans précédent :

— Pour la première fois dans l'histoire de la *Star Academy*, Raphaëlle Ricci a trouvé le prime parfait ! Aucune critique n'est faite, mais voyons plutôt les images…

Là on présente une séquence sans intérêt, avec les prestations de mes « petits » qui défilent mollement. Pourtant, en voyant nos têtes il n'est pas difficile de comprendre qu'il y a un hic.

Si j'avais trouvé le prime parfait, nous aurions à coup sûr été plus expressifs.

Ah j'ai trouvé « le prime parfait » ? Eh bien, on va voir !

*

Je fonce vers mon ordinateur et crée un blog spécial sur mon site dévoilant la vérité. Ayant reçu pas mal de mails me demandant pourquoi le débriefe avait été censuré dans sa totalité sur le live, mon article va me permettre de répondre à tout le monde en même temps.

Je suis convoquée dès le lendemain au château par Alexia qui tente de me convaincre que je suis parano, mais ça ne marche pas. Et quand elle me demande d'affirmer que ce n'est pas moi qui ai écrit l'article du site, je refuse tout net. Je lui rappelle que j'ai toujours affirmé que si, un jour, j'avais la preuve que l'émission était truquée d'une façon ou d'une autre, je partirais. Cette fois, sans recourir à ce terme précis, vu le contexte différent, je préfère parler « d'arrangement préalable » tout en offrant ma démission. Je me fiche de ne pas « jouer le jeu », comme me le reproche Alexia, cadet de mes soucis, en revanche il est important que je puisse me regarder dans la glace. Ma démission est refusée mais moi, je refuse d'ôter mon article. 15 partout, la balle au centre.

Le lundi suivant, je checke mes messages téléphoniques :

« Bonjour, vous avez dix-sept nouveaux messages… Aujourd'hui à 10 h 04. »

— Salut Raph, j'suis mort de rire pour la couv, c'est trop fort, bisous !

— Salut ma puce ! Bah alors, tu nous avais caché ça ? C'est très drôle en tout cas…

— Ma petite Raphie, je pense à toi très fort, je sais que ce sont des conneries et il faut passer au-dessus hein ? Je t'embrasse…

Je ne comprends rien à ce qu'on me raconte. Je rappelle l'auteur du premier message qui m'explique que je suis en couverture de *Water Closet* avec Nicolas. Le titre me fait hurler : « Raphaëlle Ricci, folle amoureuse de Nicolas ! »… de rire. Car si j'hallucine, je trouve la présentation ultra drôle tellement « ils » osent faire feu de tout bois. J'en déduis que, parce que je lui ai mis un 16, je suis amoureuse de lui ? Les gens sont étonnants non ? Heureusement, ceci dit, que Vladimir connaît la nature de mes rapports avec les élèves, sinon bonjour la crise.

*

À l'intérieur du magazine, l'article ne révèle rien de spécial, comme d'habitude dans ce genre de presse, mais je me demande d'où cette info peut venir. Je le saurai tôt ou tard, au hasard des conversations.

Sur le prime suivant, sans que j'aie à demander quoi que ce soit, l'un des collaborateurs d'Alexia vient me voir pour me susurrer que je dois cette couverture à la production. Je peine à y croire. Mais si c'est exact, c'est très fort ! Très bien, je le note dans un coin de ma tête.

*

À la même époque, d'aucuns avancent que ce n'est pas moi qui écris les articles de mon site. OK alors : pour prouver à tous que c'est bien moi, je préviens mes internautes que j'arriverai demain au château avec un poulpe sur la tête.

J'adore les chapeaux ridicules qui, dans les boutiques de Disney Village, ne manquent pas. Or j'en ai une belle collection. Certains arborent des clochettes, d'autres sont constellés de bouts de laine qui pendent dans tous les sens. Je choisis justement celui-là, que je baptise Gustave… Gustave le poulpe !

Je franchis donc la grille du château pour donner mon cours avec Gustave sur la tête. Je l'offre d'ailleurs de bon cœur à Cyril que cela fait beaucoup rire. C'est d'ailleurs lui qui remporte la sixième édition.

105

Cet hiver-là, Max Mamers m'invite à participer au Trophée Andros sur un sprint-car, génial ! La compétition ayant lieu dans plusieurs villes, après une première course à Isola 2000, j'arrive à Serre-Chevalier bien accompagnée. En l'occurrence, Vladimir et un de mes élèves passionné de voitures.

*

Histoire de ne pas perdre les bonnes habitudes montagnardes, j'emmène mon petit monde au bar musical de la station où nous finissons la soirée. Les tournées se succèdent, mon « petit » est apprécié par mes potes et je suis heureuse d'être revenue dans le coin en tant que pilote du Trophée !

Vladimir devient vite allumé, et comme souvent dans ces situations, peine à articuler. Je déteste ça. Je lui suggère donc de se calmer sur l'éclusage des verres. Vers trois heures du matin, les essais du lendemain débutant à sept heures, il convient de lever le camp sous peine de ne pas réussir un chrono convenable. Et dans la voiture nous ramenant à l'hôtel, Vladimir me reproche vivement de lui avoir demandé d'arrêter de boire. Complètement ivre, il parle fort :

— Tu t'prends pour qui s'pèce de grosse conne va ! Je fais c'que j'veux moi... Tu m'dois l'respect... J't'ai bien vu avec Franck... I't'plaît hein ? Sale pute ! Tu t'crois tout permis hein ! Mais ça va pas s'passer comme ça, star de mes couilles !

Je ne moufte pas, évitant par une quelconque réponse de déclencher des gestes intempestifs alors que je suis au volant. Mais, la peur revient tordre mon ventre. J'appréhende la scène qui m'attend dans la chambre, tant les alcooliques sont capables de tout dans ces circonstances. Dans le couloir de l'hôtel, il se cogne aux murs et maugrée ses insultes favorites. J'ai une honte totale ! D'autant que son raffut est en train de réveiller tout l'établissement.

Une fois la porte de notre chambre refermée, je le regarde avec dégoût et les larmes aux yeux. Comment peut-on en arriver là ? Comment en sommes-nous arrivés là ? Je suis à la fois écœurée, effrayée, peinée, triste aussi qu'il ne comprenne pas combien il est malade. Lui, tandis que je me morfonds, poursuit ses élucubrations avinées.

— Tu m'fais chier, t'es une grosse pute ! Tu t'crois plus forte que moi hein, tu t'la pètes madame la star ! Ta fille aussi c'est une grosse pute, comme sa mère.

Puis vient l'instant où il envisage de se rouler un joint.

— Tu ne vas pas fumer avec tout ce que tu as bu quand même ? ne puis-je m'empêcher d'intervenir.

Je n'ai même pas le temps de finir ma phrase qu'il a tout envoyé contre le mur.

— Tu m'emmerdes ! Tu m'fais chier ! Tu m'pourris la vie !

À cinq heures, il part se coucher. Moi, je reste sur la banquette du petit salon, en pleurs et suis incapable de dormir.

Pourquoi endurer tout cela, pourquoi ?

106

Une heure et demie plus tard, je file sous la douche puis enfile ma combinaison. Je prends mon casque, et je bipe le « petit », installé dans le même hôtel à l'étage du dessous. Nous nous retrouvons à la voiture.

— Vladimir n'est pas là ? demande-t-il.

— Heu… non, il dort. Il nous rejoindra peut-être plus tard.

— Ça va ? Tu as l'air bizarre.

— Non, ça ne va pas fort, je me suis fait insulter jusqu'à cinq heures du mat', il était complètement allumé.

— Oui je sais, j'ai un peu entendu.

Enfin quelqu'un qui avait entendu ! J'étais un peu honteuse mais finalement contente qu'enfin un autre témoin que ma fille connaisse le comportement violent de Vladimir.

*

En débouchant sur le circuit, nous sommes donc décidés à profiter un maximum malgré ce contexte pour le moins… particulier.

Mon élève effectue quelques tours avec le tout nouveau sprint électrique, et je suis heureuse de le voir heureux. S'ensuit une séance photo avec Olivier Panis et Alain Prost juste avant un tour de reconnaissance du circuit à pied afin de prendre des marques en vue des essais chronométrés de la matinée.

Vladimir, lui, apparaît à l'heure du déjeuner, fatigué mais faisant mine de rien. Derrière les lunettes de soleil qui ne me quittent pas, mes yeux sont gonflés par le manque de sommeil et les larmes versées. Je suis froide avec lui mais il ne semble pas comprendre pourquoi. À sa demande, je brosse un rapide résumé de la soirée. Et là, bingo, il ne se rappelle rien. Mieux – si je puis dire – après quelques instants de réflexion il m'accuse d'inventer ! Je clos la discussion, refusant de donner un nouveau spectacle, et désirant au moins profiter de ma passion automobile.

La sensation de glisse est particulière, il convient d'anticiper chaque virage et d'oublier les réflexes de la conduite normale. J'adore. Je crie comme une petite folle à chaque virage bien négocié et me régale !

*

Fin du week-end, nous repartons en voiture tous les trois. Ambiance rock'n roll. Vladimir est tiraillé entre le besoin de sauver les apparences et les vagues souvenirs péteux de son comportement de la veille. D'un coup, il me crie dessus :

— Mais tu m'emmerdes à la fin, tu vas la fermer ta grande gueule ?

Le « petit », que j'observe dans mon rétroviseur, n'a pas l'air de comprendre ce qui arrive non plus. Vu sa tête, il paraît même choqué. Il m'avouera plus tard que, ce jour-là, il a découvert un mec qu'il ne connaissait pas !

Reste que, pour moi, pour nous, pour lui aussi, il faut que notre histoire s'arrête. À quoi bon persister à se torturer ainsi, à se faire souffrir l'un l'autre ? À bout, lucide désormais, consciente de n'être pas la cause de tout, je vais devoir prendre le taureau par les cornes et faire résonner le clap de fin de ce qui ne fut pas une belle histoire.

Quelques semaines plus tard, alors qu'il m'appelle de son bureau – oui je lui ai trouvé un job – pour me dire à quel point il m'aime – oui, sa sorte de schizophrénie le conduit autant à m'insulter qu'à me bercer, rarement cependant, de mots doux –, je me décide à franchir le pas : il faut que je lui parle. D'urgence même.

Vladimir arrive à la maison une heure plus tard.

*

— Je ne t'aime plus, lui dis-je sans détour. Cela fait longtemps déjà mais je tenais à ce que tu aies retrouvé un travail avant de te l'annoncer afin que tu ne sois pas à la rue. Tu as été trop loin avec moi, avec ma fille, avec ma famille et mes amis. Je ne suis pas faite pour vivre dans un tel climat de violence. Tu pètes un plomb pour n'importe quoi, tu es sans arrêt de mauvaise humeur et me stresses depuis des années. Maintenant c'est fini, j'ai trop souffert. Je m'arrête là avec toi.

*

Bizarrement, il me répond avec calme. La discussion ne dure pas longtemps, il prend ensuite quelques affaires et s'en va.

De l'air pour une nouvelle ère ?

Quatorzième partie

LA RUPTURE

108

Les semaines qui suivent ne sont pas simples évidemment tant je dois tenir bon. Car Vlad s'est ressaisi et souffre de la séparation. N'avoir plus la mainmise le panique et il ne cesse d'appeler. Un jour, il m'insulte, le lendemain il s'excuse et me livre des déclarations enflammées. À la fois perdu, hystérique, furieux, désemparé, il sent que cette fois je lui ai échappé mais persiste à vouloir rester en contact. De quelque manière que ce soit. Un jour, il ne laisse pas moins de seize messages sur ma boîte vocale où il précise qu'il va venir tout péter à la maison si je ne lui réponds pas, que je vais payer fort cher ce que je lui ai fait, qu'il m'écrasera, etc.

Craignant qu'il mette ses promesses à exécution, je vais à la gendarmerie la plus proche avec Alexane afin de déposer une main courante. Sur les conseils du policier – à qui je fais écouter les fameux messages –, je change les serrures de la maison et mes numéros de téléphone.

*

Dans la foulée, je refais la déco. Changer de vie, de peau, d'ambiance, d'univers. Effacer les traces de ce lourd passé, repartir sur de bonnes bases avec ma fille. La peinture refaite, une nouvelle vie s'annonce…

*

L'été qui suit se révèle néanmoins très difficile. Le contrecoup, le sevrage presque de cette union douloureuse et de cette rupture pénible me minent. Mes vieux démons remontent à la surface.

Je me sens plus seule que jamais, ne dors plus et recommence à ne plus pouvoir manger. Mais, cette fois, pas question de sombrer : je prends les coordonnées du psychiatre le plus proche de chez moi et entame un traitement antidépresseur avec anxiolytiques et somnifères. Hélas ! il met du temps à agir et je m'engloutis peu à peu dans une spirale infernale. Entre la culpabilité, la peur de l'inconnu et un terrible manque affectif, je me débats dans d'innombrables questions. Je m'autoflagelle, m'en veux d'être ce que je suis, en arrive à regretter la séparation. Je ne vois plus, alors, que le bon côté de Vladimir, l'idéalise et en fais l'homme de ma vie que je n'ai pas su garder. Puis, brusquement, je me ressaisis, avant de me détester, dégoûter, me laisser totalement aller. Je lui envoie même un mail dans lequel je mets ses qualités en avant, explique à quel point je m'en veux d'avoir manqué de discernement, avance que je ne veux plus vivre avec lui mais que, peut-être, rester ensemble en étant chacun chez soi serait possible. Bref, je plonge, hésite, me persuade seule du bien-fondé d'une relation, pourtant douloureuse. Je ne me comprends plus, suis totalement perdue. Et la rentrée approche.

*

Lors des trois semaines de vacances que je passe avec ma mère à Noirmoutier puis avec mon père à Six-Fours, j'ose enfin raconter mes dix années de calvaire. Dix années de disputes, d'insultes et d'humiliations. Dix années de mensonges, de paranoïa aux frais de la princesse ! Dix années pendant lesquelles j'ai espéré que cet homme que j'aimais changerait, redeviendrait le gentil Vladimir aperçu parfois. Dix ans au fil desquels je me suis perdue et où j'ai entraîné Alexane. Dix ans qui s'achèvent sur le constat d'un nouvel échec affectif, fiasco une fois de plus fort douloureux à admettre. Car endurer autant pour, au bout du compte, me retrouver seule sans personne à aimer, n'est-ce pas affreusement injuste ?

Ils n'en reviennent pas. À vrai dire, moi non plus.

Mais comment clore réellement une telle parenthèse de vie ? Comment parvenir à fermer définitivement la porte alors que soi-même on rêve de l'entrebâiller à l'amour ? Comment se débarrasser à jamais d'une relation, d'un homme qui, au final, agissait sur moi comme une addiction : j'en savais les dangers voire les ravages mais combien il était dur de me désintoxiquer. Les poisons de l'enfance avaient fait leur œuvre : la peur de la solitude affective l'emportait. J'étais malade. Malade de mes angoisses profondes, de lui. Et lui aussi. La différence fondamentale, c'est que j'en avais pris conscience. Sans pour autant parvenir à ne pas flancher. « Les histoires d'amour finissent mal » dit la chanson des Rita Mitsouko. Parfois, elles peinent surtout à finir !

*

Car j'ai flanché.

Car à cause d'un kyste sur le sein gauche et de douleurs au ventre qui ne cessent pas, d'un frottis positif, des examens complémentaires à passer, un jour, en totale panique, j'ai commis l'erreur de l'appeler, effondrée. Erreur car s'il est arrivé une heure après, attentionné, comme autrefois, j'ai dit oui quand il m'a demandé de rester dormir. Erreur car j'ai compris que cette fois, je devais réellement tourner la page. Et refermer à jamais cette étape de ma vie.

Et cette fois, j'ai su tenir bon.

Quinzième partie

DANS LA LIGNE DE MIRE

110

Deux plaisirs promis : la Star'Ac 7 s'annonce et Max Mamers me propose de participer carrément à toute la saison du Trophée Andros. Mais aussi un sacré dilemme. Je ne peux concilier les deux puisque les courses ont lieu les week-ends, donc en même temps que les primes, débriefes et évaluations. Qui plus est, Alexia, enceinte, me propose de la remplacer dans son rôle de directrice durant son congé maternité. Alors, va pour la saison 7.

*

Bien décidée à vivre cette saison sereinement, maintenant que le calme est revenu à la maison, je prends un agent chargé de gérer les à-côtés de la *Star Academy*. Délivré de ce poids, je pourrai me concentrer uniquement sur mon travail et mes nouveaux étudiants. Lesquels – Sevan, Alexandra, Pierre, Jeremy, Antoine, Quentin, Yaëlle, Maureen, Bertrand, Mathieu, Noémie, Alexia, Claire-Marie, Claudia, Dojima, Éva et Lucie – font leur entrée dans le château le 23 octobre 2007.

*

Je suis au top : plus de psychopathe à la maison, Sophie qui joue les tampons avec les médias et avec la production en cas de problème... Bref, le luxe total.

Je n'ai pas souhaité refaire partie du jury, préférant, durant les primes, être dans les coulisses avec mes « petits ». En outre asséner des notes ne correspond à rien pour moi. Mettre un chiffre sur une interprétation relève d'une subjectivité que j'ai eu souvent peine à assumer. Les huées du public et les 20/20 de certains jurés m'ont en outre donné plus de poussées d'acné qu'autre chose ! Et puis, déguisée pour passer à la télé – habillage, coiffure, maquillage – oblige à des exigences d'apparat qui ne me correspondent guère.

Non, c'est dans les coulisses que je me sens bien, auprès des élèves, pour vibrer avec eux avant ou après une prestation. L'ascenseur émotionnel qu'ils subissent pouvant devenir violent, voire déstabilisant, je tiens à être là pour les réconforter. Pas question non plus de les assommer par un débrief sur place, ils doivent goûter pleinement ce moment extraordinaire.

Puisque je m'écarte du jury et que Kamel n'est pas chaud pour continuer l'exercice non plus, la production a l'idée d'un jury de professionnels extérieur au château. Yvan Cassar, Passy et Pascal Nègre sont dorénavant les seuls juges des prestations des candidats. Une formule bizarre.

111

Après quatre semaines de cours, je prends mes fonctions de « directrice par intérim ». Quelle histoire ! Les médias y vont à cœur joie, en font tout un plat. Et me rendent l'unique responsable des deux cents personnes qui manquent à l'Audimat, comme chaque année à ce moment-là de la saison. Chacun son sens des chiffres !

Comme je m'y attendais, devenir « boss » ne change rien mis à part l'obligation d'annoncer en direct et en personne les nominés de la semaine. On me colle une oreillette avant de faire mon entrée dans le grand salon, histoire de suggérer d'accélérer ou prendre mon temps.

Une expérience désagréable : je ne suis pas vraiment faite pour être dirigée de la sorte. Reste que ce qui prédomine, c'est la cruauté de cet instant. À chaque fois, j'ai du mal à dévoiler un nom sans afficher mon malaise. Mais bon, c'est l'jeu ma pôv'Lucette !

112

— Raphie ? C'est Angélique. Pourrais-tu venir un peu plus tôt avant ton cours aujourd'hui, on voudrait te parler avec Lionel.

Donc dans « mon » nouveau bureau de « super directrice », Angélique et Lionel, de la prod, affichent un air sombre qui ne me dit rien qui vaille. Qu'est-ce que j'ai encore fait ?

— Écoute, Raphie, on a un petit problème depuis quelques jours. Tu sais que, chaque année, des menaces et des lettres anonymes nous arrivent, mais là c'est sérieux.

— Ah...

— Oui, l'année dernière Nikos était visé. Et nous avons été obligés de mettre un portail détecteur aux entrées du studio, de fouiller tout le monde et de lui attacher un garde du corps lors de ses déplacements.

— Oui, je m'en souviens. En ouvrant ma housse, un agent de la sécurité avait fait tomber mon soutien gorge, mes tampax et halluciné en découvrant mes paquets de bombecs. Enfin, on s'en fout. Et alors ?

— Et alors nous recevons des menaces assez violentes te concernant de la part d'un groupe de racistes qui ne supporte pas la présence de Bertrand et Mathieu...

— Des menaces envers moi ? Mais pourquoi ?

— Parce que tu es directrice, donc responsable de leur présence !

— Ah OK... Heu... Ça craint quand même !

— Comme tu dis, oui. C'est pourquoi nous te proposons et conseillons d'accepter la présence d'un garde du corps.

— Ah carrément ?

— Oui, c'est préférable.

— Bon, v'là ôt'chose... OK...

*

Des tarés capables d'envoyer des lettres de menaces et d'insultes, j'en avais vu. Mais que la production m'adjoigne un gros bras, c'est que les menaces sont coton ! Ceci dit, n'est-il pas délirant d'en arriver là alors que nous proposons une émission de divertissement ? Les gens deviennent-ils fous ? Vive la télé !

À chaque prime, un agent de sécurité vient donc me chercher à mon domicile et me ramène ensuite. Je continue tout de même à prendre ma voiture pour mes trajets au château situé à vingt petites minutes de chez moi. Parce que j'adore conduire. Et que je ne crois pas vraiment à ces menaces.

Et si tu te plantes, Raphie ?

113

Un soir, en sortant tard d'un débrief, je patiente sagement devant le panneau stop situé à cinquante mètres de l'entrée du château donnant sur la nationale de Dammarie-Les-Lys, une artère toujours ultra passante. Je suis satisfaite de la journée et sifflote quand un frisson me terrifie. Ma BMW avance toute seule. Je freine mais elle est poussée vers la route où défilent quelques voitures. Paniquée, je regarde dans le rétroviseur. Un véhicule veut me forcer à traverser malgré moi ! La trouille monte. Je viens de sombrer dans un mauvais film américain.

*

La voiture ennemie s'est collée à mon pare-chocs arrière ultra discrètement. Et accélère. Ma Série 1 bouge. Immédiatement, les réflexes de conduite acquis lors de mes courses automobiles se mettent en marche. Je passe la marche arrière et appuie sur l'accélérateur pour contrer l'assaut. Ma voiture est suffisamment puissante pour me laisser le temps d'attendre l'opportunité de me glisser entre les automobiles qui défilent. À la volée, j'enclenche la première et me faufile à toute vitesse dans la circulation. Hélas ! il y a un autre feu. Mais il est rouge et personne n'arrive de la route perpendiculaire, donc je continue ma course effrénée. Dans le rétro, le véhicule blanc – et ses quatre occupants – est toujours à mes trousses.

Aucune autre solution : je roule à fond dans la grande ligne droite qui passe devant la cité, maître de moi mais horrifiée de cette tentative d'« intimidation ». Quand je me fais arrêter par une voiture de la police un kilomètre plus loin, j'explique alors mon embardée, prête à recevoir n'importe quelle contravention. S'il le faut, je veux bien aussi aller au poste le plus proche si ce cauchemar digne d'une série US cesse au plus vite. L'agent me croit sur parole. À voir ma tête, je ne pense pas qu'il puisse y avoir de doute sur la véracité de l'histoire.

Je mets un moment à me calmer et la voiture qui me pourchassait doit être loin maintenant. J'ai eu très peur mais je suis assez fière d'avoir réagi rapidement et avec sang-froid. Je ne souhaite pas porter plainte, ma voiture n'est pas abîmée, je n'ai aucune idée de l'identité des auteurs de cet acte, je préfère rentrer chez moi.

Avertie le lendemain matin, la production renforce le dispositif. Désormais j'ai droit à une surveillance rapprochée, dès que je sors de mon domicile. Quelle vie de montrer sa trombine dans la petite lucarne !

114

Par chance, à côté, je m'éclate avec mes « petits ». Cette saison s'avère à mes yeux artistiquement la meilleure de toutes. Les élèves sont presque tous auteur-compositeur-interprète et musicien, et lors du cours leur permettant de chanter leurs propres compos, j'assiste à un florilège de titres plus chouettes les uns que les autres.

Je rencontre juste quelques difficultés avec Quentin, un garçon très doué et talentueux mais qui la ramène sans arrêt et me fatigue vite. Il faut être à la hauteur de sa grande gueule – l'une de mes devises favorites. Une chance pour lui, Quentin est à la hauteur de sa victoire.

*

Très vite, sur cette saison riche en talents, événements et rencontres formidables, je conclus que je dois – comme dans ma vie – tourner une page. Pour moi, la *Star Academy*, c'est fini. Une décision facile à prendre en fait. Accélérée par la frayeur d'avoir vu qu'on voulait attenter à ma vie, mais surtout née du sentiment d'avoir savouré le meilleur, d'avoir fait le tour du programme et du refus de faire la saison de trop, celle qui gâche tout.

Pour éviter les interprétations hasardeuses, j'explique mes motivations sur mon site.

Après six saisons de bons et loyaux services, de passion, d'émotions, de répétitions, de chansons et de rencontres musicales improbables, j'ai décidé de tourner la page de la Star Academy. *Je suis une saltimbanque, issue d'une famille de saltimbanques, et je souhaite continuer ce que j'ai toujours aimé et voulu faire : travailler aux côtés des artistes.*

Cette dernière saison a été pour moi la plus riche avec les étudiants, mais elle m'a été tout aussi frustrante car les univers musicaux de chacun n'ont pas ou peu été exploités, là où la production nous avait annoncé une saison créative.

Cette décision, mûrement réfléchie depuis plus d'un mois, m'a été confirmée par ma « petite voix intérieure » lorsque j'ai vu l'extinction du château durant le dernier prime : je me suis dit : « Là, je sais que c'est fini », d'où ma grande émotion… Un mélange de nostalgie et de soulagement.

L'aventure Star Academy *a été fabuleuse, tant artistiquement qu'humainement auprès des ex-élèves, que je continue à suivre régulièrement pour la plupart, et toutes saisons confondues… Devenue amie avec certains, à l'écoute ou continuant à travailler avec d'autres. Mais le business, je ne sais pas faire et comme l'a si bien dit la directrice dans une récente interview : « Elle est trop premier degré et n'a pas assez de recul… » Ce à quoi j'aurais pu répondre : « Pour faire de la télé, je suis d'accord, mais pour faire mon métier, il est indispensable d'être passionnée et sensible. »*

Et si je n'étais pas la « méchante » que les montages veulent bien faire croire depuis des années ? Allez savoir…

Et si la directrice par intérim que j'ai été n'avait jamais eu aucun pouvoir ? Et si aucune de ses idées n'avait été écoutée ? Et si elle avait rarement été mise au courant de tel ou tel événement se passant au château ? Allez savoir.

Alors, je veux bien être responsable de la baisse d'audience de l'émission – et même de la faim dans le monde – mais ma conscience sait à quel point j'ai été présente auprès des principaux intéressés, et que nous, les professeurs, avons fait le maximum pour travailler ensemble et dans le bon sens (voir les progressions évidentes de Jeremy, de Lucie, de Claire-Marie, de Mathieu, d'Alexia… Sans parler des univers particuliers de Pierre, Dojima, Antoine, Maureen, Bertrand, Yaëlle et Sevan).

Quant à l'ultime cadeau de cette saison, il restera l'appel télé-
phonique reçu de Quentin au lendemain de sa victoire, me signi-
fiant sa reconnaissance.

Mais une chose est sûre pour moi : il faut savoir s'arrêter quand
l'impression d'avoir fait le tour de la question est arrivée. Quand,
aussi, trop de paramètres externes vous empêchent d'aller plus
loin... De plus, un peu d'oxygène et de nouveautés ne feront pas
de mal à la saison 8 (Rires) !

À bientôt donc, pour de nouvelles aventures !

Raphie.

115

Durant la dernière semaine de la saison 7, une proposition incroyable m'est tombée dessus : participer au Rallye Aïcha des Gazelles. Dix jours de course automobile en 4 x 4 en plein désert marocain, voilà qui ne se refuse pas.

Go !

*

Je n'ai guère de temps pour me préparer physiquement à cette nouvelle aventure. Juste un mois ! Aussi, je m'inscris à la salle de sport la plus proche de chez moi où un coach me concocte un programme de musculation et d'endurance sur mesure. Soit deux heures par jour sept jours sur sept. À ce rythme, je n'ai pas le temps de réfléchir. Entre l'entraînement sportif, une hygiène alimentaire stricte, la formation à la conduite du 4 x 4, l'orientation à la boussole et l'achat du matériel pour le bivouac, je ne vois pas le temps passer.

En vérité, j'ai besoin de ce nouveau challenge. N'ayant jamais dormi sous une tente, n'appréciant aucunement la vie en communauté, la perspective de me retrouver avec deux cents filles deux semaines d'affilée relève d'un immense défi. Mais je tiens à me prouver que je suis capable de passer dix à douze heures quotidiennes dans un habitacle confiné où il fera autour de cinquante degrés. Je veux franchir des montagnes et des dunes, réussir à me désensabler, et atteindre la ligne d'arrivée.

Tout cela est fort symbolique en ma quarante et unième année.

*

Dans le désert, je vis des moments uniques. Coupée du monde, sans portable, presse, télé, je me ressource. Gérer les rations de nourriture, la voiture, chercher les balises me lave la tête. Nous avons le droit toutefois de recevoir des mails de nos proches et comme j'ai fait passer l'info de cette nouvelle aventure sur mon site, plusieurs centaines de messages d'encouragements arrivent. En les lisant, je prends la mesure de ce que l'éloignement provoque : après les larmichettes qui perlent en découvrant les messages de ma famille comme de ceux que je ne connais pas, c'est une nouvelle énergie qui me gagne et je pars regonflée à bloc pour l'étape suivante.

Même si je dors au maximum quatre heures par nuit, même si les douches du bivouac ne sont pas praticables chaque jour, même s'il est chiant de se tortiller des heures durant dans le sable sous quarante-cinq degrés pour essayer de sortir la voiture tankée en haut d'une dune, même si je casse la suspension avant du 4 x 4 deux jours avant l'arrivée, je la franchis cette putain de ligne sur la plage d'Essaouira !

Avec une fierté de tous les diables même.

Seizième partie

Un début de renaissance ?

116

— Bonjour mon idole, c'est Raphy, ton nouveau meilleur ami !

— Coucou, comment vas-tu ?

— Super ! Je voulais t'inviter au Théâtre du Rond-Point voir ma pièce *Monique est demandée caisse 12.* Tu viens quand tu veux, c'est à vingt heures.

— Cool ! Alors, à ce soir !

*

Je n'ai jamais vu Raphaël Mezrahi sur scène mais nous nous sommes rencontrés lors d'une soirée et je l'ai fait venir au château pour un cours spécial « Chansons contre-emploi ». Et pour cause : je suis totalement fan de son humour complète-ment décalé. En outre, quoi qu'en pensent certains, quand ce Raphy-là sourit, moi je le trouve carrément craquant.

*

Me voici donc assise dans l'une des salles du théâtre du Rond-Roint sur les Champs-Élysée. Et je connais un peu le sujet de la pièce, un scénario qui se déroule dans un super-marché et réserve de nombreuses surprises. Dont la distribu-tion de sacs à commissions remplis au public. C'est précisément à cet instant qu'il me prend à partie… bien fort.

— Houla, y'a du beau monde encore ce soir…, commence-t-il. Tata Jeanine, tonton Henri et, oh non merde, Raphie de la Star'Ac !

Alors je me lève et, prétextant un manque de débriefs, je commence à entreprendre celui de chacun des comédiens. La salle rigole et je m'amuse à balancer des critiques plus ou moins fondées. En prenant soin de ressortir mes expressions favorites :

— Oui alors Dany (la vraie chanteuse !), ce serait bien que tu prennes une option pour une seconde corde vocale, hein !

— Il est où le boucher… Ah il est là ! c'est un peu mou des g'noux tout ça quand même !

— Piotr, très bien les patins à roulettes, mais va falloir te détendre un peu l'gilet !

L'assistance est morte de rire et je me rassieds aussi sérieusement que possible.

*

Nous nous retrouvons ensuite à dîner avec une partie de l'équipe et Raphaël, enjoué, suggère de m'adonner à cet exercice durant les trente dates restantes. Chiche ? Banco. Un bonheur.

117

Et mes amours, s'inquiéteront peut-être certains ? En toute honnêteté, ils ont raison de s'inquiéter : car après le chapitre Vladimir écrit en lettres de fiel est apparu un autre profil singulier. Un prénommé Bruno prétendument amoureux mais qui a omis – mais pourquoi donc ! – de me préciser qu'il était marié. Pas de doute, je dois avoir la scoumoune pour attirer forcément des cas ! Tous les hommes sont-ils forcément à problèmes ? Bref, je l'ai éjecté avec pertes et fracas.

*

Mais voilà qu'il tente une nouvelle approche. Et, en homme responsable et adulte, fait appeler l'un de ses amis pour me délivrer son message. La teneur : « Il est confus, désolé mais toujours amoureux, et voudrait te parler. »
Mais bien sûr...

*

— Allô c'est Bruno, je te dérange ?
— Non, je viens de sortir du théâtre. Ça va ?
— Oui, enfin j'aimerais bien te parler.
— Vas-y, je t'écoute !
— Non, pas au téléphone. Ce serait sympa qu'on puisse le

faire autour d'un verre. Ce que j'ai à te dire, je veux te le dire dans les yeux…

— Ah… Mais tu sais, tu m'as déjà dit beaucoup de choses les yeux dans les yeux. Des promesses que tu n'as jamais tenues rappelle-toi ! Alors non, je n'ai pas envie de te voir. Et si tu as des choses à me dire, c'est maintenant. Au fait, comment va ta femme ?

Je sais, je peux être perfide.

— C'est dur tu sais, je reste avec elle pour ma fille. Je te l'ai déjà dit : je ne l'aime plus.

— Ah oui, ça doit être dur.

— Allez, s'il te plaît, accepte de me voir !

— Elle est courant ta femme de ton coup de fil ?

— Non, ça ferait encore des problèmes !

— Donc si on se voyait ce serait dans son dos ?

— Je ne peux faire autrement.

— Ben voyons ! Écoute Bruno, la situation n'a apparemment pas évolué depuis notre séparation. Je ne vois donc aucune raison de discuter avec toi autour d'un verre. Tu m'as déjà assez menti, j'ai été idiote et naïve mais là tu ne manques pas d'air. Et puis, c'est d'un classe pour ton épouse !

— J'étais sûr que tu réagirais ainsi ! s'énerve-t-il alors. Je voulais juste te tester. Tu crois que j'ai envie de te revoir ? Tu t'es vue ?

— Eh bien, maintenant voilà que tu t'énerves, je rêve. T'es atteint toi ? Je suis navrée que tu ne supportes pas qu'on te refuse un rendez-vous, mais moi j'ai arrêté de fréquenter les malades. Embrasse ta femme pour moi et bon courage à vous !

*

Comment se fait-il que, systématiquement, j'ai à faire à des personnalités de ce genre. La question m'obsède littéralement. Je dois coûte que coûte trouver la réponse, sinon jamais je ne parviendrai à éviter ce genre de tempérament.

118

En attendant, je n'ai pas de réponse : suis-je destinée à attirer ce genre d'hommes ?

Il convient de me pencher sérieusement sur la question. J'avale des livres de psychologie comportementale, je dévore des ouvrages traitants de la violence verbale et psychologique et j'entame un profond travail de recherche et de compréhension.

Qui s'accompagne – remuer de sales souvenirs n'est jamais insignifiant – d'insomnies, de cauchemars terribles, de violentes crises d'angoisse me tombant dessus plusieurs fois par jour. Mais je persiste : il faut absolument que j'aille au terme de ma démarche, que je sache.

*

Je découvre alors le terme désignant ces êtres néfastes. Ce sont des « manipulateurs pervers » dits encore « pervers narcissiques ». Lire la description faite d'eux par les experts correspond en tout point à ce que j'ai vécu. Le manipulateur pervers, que fait-il dans ses relations à autrui ?

1. Il culpabilise les autres ;
2. Il reporte sa responsabilité sur les autres ;
3. Il ne communique pas clairement ses demandes, besoins, sentiments, opinions ;
4. Il répond très souvent de façon floue ;

5. Il fait évoluer ses opinions et comportements en fonction des personnes et des situations ;

6. Il invoque des raisons logiques pour déguiser sa demande ;

7. Il fait croire aux autres qu'ils doivent être parfaits, ne doivent jamais changer d'avis, doivent tout savoir pour répondre immédiatement à ses questions ;

8. Il met en doute les qualités, compétences, personnalité des autres, juge, dévalorise ;

9. Il fait passer ses messages via un intermédiaire ;

10. Il sème la zizanie et créé la suspicion, divise pour mieux régner ;

11. Il sait se placer en victime afin qu'on le plaigne ;

12. Il ignore les demandes des autres ;

13. Il utilise les principes moraux des autres pour assouvir ses propres besoins ;

14. Il menace de façon déguisée, ou fait du chantage ouvertement ;

15. Il change de sujet au cours d'une conversation ;

16. Il évite l'entretien ou la réunion ;

17. Il mise sur l'ignorance des autres et fait croire à sa supériorité ;

18. Il ment ;

19. Il prêche le faux pour savoir le vrai ;

20. Il est égocentrique ;

21. Il est jaloux ;

22. Il ne supporte pas la critique et nie les évidences ;

23. Il ne tient pas compte des droits, désirs, besoins des autres ;

24. Il utilise souvent le dernier moment pour demander, ordonner ou faire agir autrui ;

25. Son discours paraît logique ou cohérent, alors que ses attitudes, actes et mode de vie répondent au schéma opposé ;

26. Il use de flatteries pour plaire, fait des cadeaux, se met brusquement au petit soin pour l'autre ;

27. Il suscite un état de malaise ou un sentiment de non-liberté chez l'autre : pris au piège ;

28. Il est efficace pour atteindre ses buts aux dépens d'autrui ;

29. Il incite à faire des choses que l'on n'aurait probablement pas osées ;

30. Il est constamment l'objet de discussions entre personnes qui le connaissent même en son absence.

*

Sur les forums de discussions d'Internet, je trouve de nouveaux témoignages. Plus bouleversants les uns que les autres. Extraits, notamment tirés de doctissimo.fr :

On a donné un peu, un peu plus, beaucoup et on ne peut revenir en arrière, car la machine a commencé son cycle. On vous en demande toujours plus et plus… Et vous ne vivez plus pour vous, vous êtes là sans être là, vous n'avez plus de rêves, vous n'existez plus ! Vous ne pensez plus qu'à obéir pour ne pas revivre des disputes incessantes et humiliantes. On est pris dans son « jeu », et on croit qu'on n'en sortira jamais. On tombe dans une profonde dépression et on se renie, jusqu'à vouloir mourir !

Un souvenir me revient. Durant une crise d'hystérie je me suis retrouvée incapable de parler, de crier, de faire un mouvement. Face contre terre, j'avais envie de mourir, de ne plus me relever ou… de le TUER… Cet être tellement gentil a appelé du renfort et, encore une fois, la preuve était faite pour les autres que c'était moi la folle prête à enfermer.

Au début, il était charmant et me complimentait comme je ne l'avais jamais été. Un jour, il m'a insultée, comme ça sans raison, et s'est excusé quelques minutes après. J'ai vécu cet enfer durant quatre ans !

Il était adorable avec l'extérieur et toujours aux petits soins avec moi quand il y avait du monde. Mais, sitôt à la maison, il devenait quelqu'un d'autre. Hélas ! personne ne me croyait quand je le racontais. Alors je me disais que c'était de ma faute et que je voyais le mal partout. J'ai cru devenir folle !

Et la litanie des récits atroces se poursuit :

Peu à peu, il m'a isolée de mes amis et de ma famille… Comme un prédateur qui isole sa proie avant de la tuer.

Tout ce qui lui arrivait de négatif était de la faute des autres et il se mettait dans des colères effrayantes.

Il était tout le temps de mauvaise humeur.

Il critique sans arrêt les gens qu'il croise, n'aime personne et se sent toujours supérieur !

Il ment en permanence et se sent obligé de tout exagérer pour se rendre intéressant ; je n'en peux plus !

Il me reproche tous les défauts que lui seul possède ! Pourquoi fait-il cela ?

Il me fait culpabiliser sans cesse et sur tout. Je me sens une moins que rien et j'ai envie d'en finir avec la vie.

Tout ce que je fais est nul, mais son comportement me fait honte. Je ne comprends pas pourquoi je n'arrive pas à me séparer de lui ; je sais que je ne l'aime plus mais il me fait peur !

Il menace de me quitter si je ne fais pas ce qu'il demande, que dois-je faire ?

Il est plein de bonnes résolutions le lundi et, le jour d'après, c'est comme s'il n'avait rien dit la veille.

Comment expliquer qu'il puisse m'assurer à treize heures que je suis la femme de sa vie et ne pourra jamais vivre sans moi, et, à seize heures, me traiter de sale pute qui finira toute seule ? Je ne sais plus quoi penser.

Lorsqu'il m'arrivait d'être seule avec mon enfant avant qu'il ne rentre à la maison, nous étions comme libérés, libres de nos rires et mouvements. Dès que nous entendions la voiture, nous nous regardions et, sans parler, procédions au rangement des jouets, à l'arrêt de la musique avant de nous taire. À son entrée, l'atmosphère devenait plus tendue jusqu'au coucher.

*

Je reconnais ma vie dans chacun de ces récits. J'ai vécu, entendu, supporté exactement les travers décrits. Reste que cela ne répond pas à ma question originelle ! Quand je tombe sur un site dévoilant le profil des victimes potentielles des manipulateurs pervers, je me reconnais encore.

La victime est une personne qui déborde d'énergie. Elle aime rire, partager, s'amuser... C'est une bonne vivante qui sait apprécier les choses simples. Elle a le plus souvent une grande empathie pour les autres et se soucie de leur bien-être. Elle n'est pas et ne se sent pas parfaite, et sait, de ce fait, se remettre en question. Aux antipodes du MP, elle va pouvoir malheureusement témoigner que l'expression « les contraires s'attirent » est bel et bien fondée...

La victime a, comme son MP, souvent souffert dans le passé. Victime d'un parent manipulateur ou d'une expérience traumatisante, son estime et sa confiance en elle ont été mises à mal plus d'une fois. Elle a souvent été confrontée à des difficultés identiques à celles de son bourreau, mais a suivi, à l'inverse de ce dernier, un chemin littéralement opposé. En effet, alors que le MP a fait le choix de se renfermer dans sa souffrance pour se protéger, la victime a, quant à elle, développé une attitude plutôt maternelle et permissive à l'égard des autres.

Ainsi, la victime va avoir une tendance significative à CULPA-BILISER. Elle va facilement se sentir coupable et endosser des responsabilités qui ne lui reviennent pas nécessairement. Manquant de confiance en elle, elle craint de mal faire et de causer du tort malgré elle. Ayant le sens de la justice et de l'honnêteté, elle accepte volontiers de reconnaître ses torts, et par la même occasion, ceux qui ne sont pas les siens...

Soucieuse du bien-être de ses proches, la victime va rapidement souffrir du mal être de l'un d'entre eux. Elle s'évertuera donc à donner toujours plus pour rendre heureux les gens qu'elle aime, au détriment de ses propres besoins. Ainsi, elle n'hésitera pas à s'effacer, et à faire de l'autre sa priorité exclusive.

La victime est souvent sujette à la dépendance affective, celle-là même que le MP prendra soin d'instaurer dans ses rapports avec les autres. Ressentant un besoin de se « vouer » à quelqu'un et de s'investir pleinement dans une relation, la victime ne cessera de faire des sacrifices, pensant préserver un rapport à l'autre dont elle est persuadée ne plus pouvoir se passer. Le MP exploitera toujours plus cette capacité qui finira par conduire la victime à tolérer ce qui ne peut l'être... La victime n'est pas stupide, « simplette » ou « niaise », comme le pensent communément les gens non sensibilisés aux MP. Elle est au contraire dotée de qualités humaines de moins en moins partagées, mais de plus en plus convoitées[1]...

*

Soit. Je sais désormais pourquoi je suis tombée dans le panneau. Voilà une première grande victoire. Mais après ?

L'étape suivante consiste à tenter de sortir définitivement de la dépression dans laquelle je me débats depuis plusieurs mois. Car bien qu'avertie, informée du cas pathologique que représente le manipulateur pervers, bien qu'éloignée de Vlad-depuis plus d'un an, bien qu'ayant symboliquement jeté tout ce qui se rapporte à lui et n'a pas été réclamé – en prenant soin toutefois de conserver certaines preuves des tourments supportés, au cas où –, je persiste à culpabiliser et à me rendre responsable de ce que j'ai subi. Seul un traitement de choc saura m'aider.

---

1. Propos recueillis sur www.manipulationperverse.fr

Dix-septième partie

TOUCHER LE FOND POUR REBONDIR

119

— Allô maman ? Ça ne va pas du tout… Connaîtrais-tu une maison de repos ? Un truc avec des psychiatres pour que je puisse travailler sur moi. Je ne m'en sors pas là. Mais pas un établissement pour les fous non plus.

Ma mère répond présent. Et je me fais hospitaliser à l'automne 2008. Journal de cette cure de reconquête de soi

*

Jeudi 23 octobre 2008, 21 h 30.
J'ai quarante et un ans, presque toutes mes dents et, demain, je vais débarquer dans une clinique médicalisée pour cause de dépression aggravée. Voilà longtemps que je la traîne, et c'est pour cela qu'on la dit aggravée. Entre mes échecs amoureux à répétition, un cerveau qui se pose mille et une questions en permanence, un travail irrégulier, des parents absents dans ma jeunesse, des amis… Heu, c'est quoi d'abord des amis ? Bref, dans une vie tour à tour remplie, vide, instable et angoissante, qui serait capable de conserver son calme, de rester positif et de croire en l'être humain ?

Je vais donc, à ma demande, me faire aider vingt-quatre heures sur vingt-quatre par une équipe de médecins psychiatres, d'infirmières et de kinés. Et ce durant deux semaines minimum afin d'essayer de lâcher prise et de me retrouver. Si possible.

Il s'agit d'un constat douloureux mais que je vis comme une dernière chance. Une dernière chance à saisir sous peine de sombrer totalement.

Vendredi 24 octobre, 17 h 15.

Ça y est, je viens de m'installer dans ma nouvelle « chambre », dans ma nouvelle « maison ». Mes affaires sont rangées, j'ai mon ordinateur, un accès à Internet – n'est-ce pas dangereux ? on verra bien –, la téloche, une salle de bains avec baignoire et une jolie vue sur un parc arboré. Je peux même garder mon portable. C'est la fête !

J'ai vu une psychiatre lors de mon admission. Et cette experte, le Dr Pagnard, spécialisée dans les problèmes liés aux manipulateurs pervers, m'a rassurée sur un point : je n'ai pas le « chic » pour tomber sur eux, ce n'est pas moi qui les attire spécifiquement, ce sont eux qui sont nombreux. 30 % de la population adulte ! Des femmes comme des hommes. Il y en a donc partout ! Elle a écrit un livre sur le sujet qu'elle m'apportera lundi. J'ai hâte.

Maman, qui m'a accompagnée, est repartie les larmes aux yeux. Je sais que tout cela l'inquiète beaucoup. Ce qui m'ennuie le plus, c'est d'avoir laissé Alexane à la maison alors qu'elle vient de rompre avec son petit copain. Elle non plus n'est pas bien. À cause de moi, à cause de cette vie sinistre endurée pendant des années et du fait que je peine à refaire surface. J'ai laissé Alexane fragilisée et ça m'ennuie. Elle a tellement peur des hommes ma puce, peur des mensonges et des tromperies. Comme moi, elle a besoin d'être aimée et rassurée. Ce qui n'est pas toujours bien accepté. Mais il s'agit d'une belle personne. Ma fille est intègre, honnête et sensible. Trop sensible sans doute. J'aimerais arriver à faire en sorte qu'elle ne le soit pas autant que moi. Pour toutes ces raisons je me dois d'aller mieux, il existe quand même deux ou trois petits trucs bien dans ma vie.

18 h 30...

Le Dr Aubin est passée... Nous avons fait le point. Elle me donnera un nouveau traitement antidépresseur, anxiolytique et hypnotique dès demain… Effexor, Lysanxia et Stilnox. Croisons les doigts.

Samedi 25 octobre, 10 h 45.
Première nuit passée. Pas trop mal d'ailleurs, à part un réveil lorsque les infirmières de garde font des rondes de surveillance avec lampe torche.
Réveil définitif à 9 h 30, petit déjeuner tranquille, douche et habillage.
L'infirmière de garde vient de sortir de ma chambre ; j'ai 10.7 de tension alors qu'hier c'était 13. L'effet des médicaments.
Un médecin de « week-end » doit passer dans la matinée.

12 h 15.
Je viens de finir mon déjeuner : radis, gratin de légumes, steak haché, fromage blanc et crème caramel.
Le médecin est venu ; rien de spécial, il repasse demain.

17 h 35.
J'ai dormi quatre bonnes heures. Je suis un peu dans le cirage.

18 h 50.
Dîner. Potage, escalope de dinde, petits pois, fromage et poire.
Pour le reste, c'est télé, ordi avec une connexion pas très fiable et… rien d'autre ! Je m'ennuie ferme et pense au mail sirupeux que Vladimir a récemment expédié à Alexane. Ce qu'il y a de meilleur chez lui pourrait-il être vrai ? Je me ressaisis. Ainsi que me l'a précisé le Dr Pagnard, vu hier, un MP dit ce que l'on a envie d'entendre mais ne changera jamais. Pourquoi n'ai-je pas la force de l'évacuer à jamais de mon cerveau…
Car je ne dois pas oublier que les MP sont instables dans leurs façons de vivre, de penser, changent d'avis sans cesse suivant la personne en face d'eux, sont intéressés, incapables de donner, d'aimer, respecter, rois du « je construis pour mieux

détruire ». Je ne dois jamais oublier que leurs vies sont vides, accrochées à celles des autres, prompts à pomper leurs émotions, leurs idées, leurs façons de penser, leurs amis, leurs familles et leurs contacts professionnels pour remplir les leurs. JE NE DOIS JAMAIS OUBLIER !

Dimanche 26 octobre, 9 h 05.
Deuxième nuit passée à la clinique. Mieux que la précédente, mais quel réveil ! Être ici, à prendre médoc sur médoc, me mine. J'ai les yeux encore plus éclatés que si j'avais pleuré. Je me sens vide, molle, je m'ennuie et n'ai toujours envie de rien.

18 h 05.
J'ai dormi quatre heures, la tête comme une montgolfière, pas le moral. Je me demande ce que je fais ici à part avaler des pilules. Je m'ennuie ferme, me sens plus seule que jamais. Et ne vois pas comment je pourrais sortir d'ici mieux qu'en entrant.
Demain débutent les visites quotidiennes de ma psychiatre. Je compte vraiment dessus.

Lundi 27 octobre, 8 h 25.
Super réveil avec prise de sang ! Dehors il fait gris de chez gris.
J'attends le petit déjeuner, la visite de la psychiatre mais la perspective d'une journée à voir s'écouler les heures les unes après les autres m'épuise.
J'ai envie de pleurer, pas le moral, je suis vraiment mal.

11 h 50.
J'ai vu la psy. On augmente mon antidépresseur, on limite mes anxiolytiques... Je suis plombée du matin au soir... Je pleure... Envie de rien... Je ne vois pas d'issue... Mes problèmes remontent à trop loin. Besoin d'un amoureux que je n'ai pas... Ma vie affective n'est qu'un échec... Je suis tellement mal...

17 h 30.
La psy rencontrée à l'admission m'a apporté son livre. C'est éloquent ! Bien qu'il me replonge dans le passé une fois encore.

Mardi 28 octobre, 9 h 30.
Réveil de m… ! Mal dormi, mal au dos, aux reins. 10 de tension. J'ai pris un kilo et m'ennuie de plus en plus. Je veux rentrer chez moi, mais je sais aussi que ce serait pareil… Alors quoi faire ? J'en sais rien.

12 h 15.
Déjeuner : salade de tomates, poisson, riz, fromage et crème brûlée. Ai envoyé un SMS à ma mère ; elle me dit de tenir le coup… OK.
Elle m'a dit aussi qu'il n'y aurait plus de Star'Ac 9 ni 10… Fini quoi. J'ai vraiment eu du flair.
J'attends toujours le psy.

17 h 41.
Le psy est venu vers 14 heures. Un mec… En résumé, selon lui je ne joue pas le jeu de la clinique et en étant comme ça je n'irai pas mieux ! J'ai pleuré un bon coup et me suis endormie.
Il pleut et la nuit pointe ses noirceurs. Une journée de plus. Bof.

Mercredi 29 octobre, 8 h 55.
Réveil à peu près OK. Relativement bien dormi. Toujours 10 de tension.
Ce matin, je dois voir ma psy habituelle, le Dr Aubin.
Cet après-midi, je vais aussi tenter une sortie dans le parc. Il fait beau mais froid.

17 h 15…
Je viens de dormir encore trois heures.
Après le déjeuner, je suis allée me balader avec une infirmière et ça m'a fait du bien. Enfin, je crois. Là, j'ai mal au crâne et m'ennuie… Encore.

L'entretien avec le Dr Aubin s'est bien déroulé. Selon elle, le manque d'activité professionnelle suscite mes cogitations en tous genres. D'accord, mais je n'ai pas de solution en vue...

Jeudi 30 octobre, 8 h 45.
Réveil un peu violent mais le moral semble remonter.
11,7 de tension. Il fait un froid de canard et j'attends la visite de la psy.

13 h 05.
La psy est passée...
Ma mère m'a envoyé un SMS hier soir. Mon frère veut me voir seul. Moi, je ne sais pas quoi faire. Pas envie qu'il me voit ainsi, ici. Puis, ensuite, de le voir partir. Aucun désir de sortir non plus. Le froid, le ciel gris, le vent...

17 h 35.
J'ai encore somnolé trois heures. Ne suis pas sortie. Il pleut à verse...
Une infirmière est venue discuter. Le service s'inquiète de me voir cloîtrée dans ma chambre sans visites.

18 h 20.
Je viens d'avoir Alexane au téléphone. Son moral est en berne. Un peu, beaucoup à cause de moi. Elle a envie de vacances. Je la comprends.

Vendredi 31 octobre, 9 h 25.
Réveil avant le petit-déj. J'ai bien dormi... Il fait un temps supra pourri... Ma tension a baissé de nouveau : 9,6.
Je suis obsédée par le fait d'avoir enfin un homme bien dans ma vie. Mais bon, je ne suis sans doute pas prête.

13 h 05.
Vu la psy... Je dois rester encore deux semaines apparemment... Ça me mine... On a parlé de ma mère, de boulot, de ma fille. Je n'ai pas pleuré durant la discussion mais plus

tard, quand j'ai appelé maman pour la prévenir du prolonge-
ment de séjour.

J'ai eu Alexane aussi. Ça a l'air d'aller. Ma mère me recommande de ne surtout pas m'inquiéter pour elle, mais
comment ?

Samedi 1er novembre, 9 h 10.

Mauvais réveil, je suis en pleurs. Je ne constate aucune
amélioration, me sens atrocement seule mais ne veux toujours
voir personne. Envie de rien... Il fait un temps pourri et la
journée va à nouveau être interminable.

Dimanche 2 novembre, 8 h 50.

J'ai mal dormi, mais le réveil n'est pas pire. J'ai eu maman
hier soir au téléphone : elle va venir avec mon frère en fin
d'après-midi... et m'a raconté qu'un éditeur voulait écrire un
bouquin sur MA Star'Ac à moi. L'idée me redonne un peu
d'espoir. Un projet pour les mois qui viennent ? En parlant
de la Star'Ac, ils ont réalisé leur plus mauvaise audience depuis
huit ans. 4 600 000 téléspectateurs ! Du jamais-vu. Quel
gâchis.

Sébastien Loeb vient de remporter son 5e titre de champion
du monde des rallyes et, à dix-huit heures, la télé diffusera le
dernier grand prix de F1 de la saison. Le titre se jouera entre
Massa et Hamilton. J'espère que ce sera Hamilton.

Lundi 3 novembre, 8 h 50.

J'ai encore mal dormi, avec un réveil toujours aussi peu top.
Moral en berne et larmes à fleur de paupières.

Ma mère et mon frère sont passés hier, ça m'a fait plaisir.
Et Hamilton est champion du monde. Mais je ne vais pas
mieux. Sans savoir pourquoi...

17 h 40.

Je viens de faire une balade avec ma copine infirmière (dont
je ne me souviens pas le prénom). Un peu de baume dans une
journée pire que toutes.

La psy, le Dr Pagnard m'a parlé. Résultat : il va falloir me reconstruire petit à petit. L'antidépresseur m'aidera à avoir le moral et la pêche, mais il faut compter quinze jours avant qu'il commence à faire effet.

Je me sens toujours seule et perdue. Je fais des tours sur Easy flirt ou Meetic en espérant trouver l'homme idéal... Faut être conne quand même !

Demain, maman reviendra en fin d'après-midi.

Mardi 4 novembre, 10 h 40.
Il fait beau. Je pèse 59 kg, j'ai 11,7 de tension et un pouls à 82 (un peu élevé pour moi).

J'ai rencontré un psy que je ne connaissais pas et pleuré un bon coup après sa visite : il a mis le doigt sur le fait que je ne m'aime pas.

Aujourd'hui ce sont les élections américaines : Obama ou McCain ? Moi je suis pour Obama...

Aller faire un tour dans le parc pour prendre l'air.

Mercredi 5 novembre, 9 h 30.
Hier, en fin d'après-midi, ma mère m'a apporté des bombecs, une jolie veste violette en cachemire, des noix fraîches et du linge propre... Sa venue m'a fait du bien mais, ensuite, la voir partir m'a filé un petit coup de blues. Bref, la soirée a été tranquille. Comme d'hab.

Aujourd'hui en tout cas, bon réveil. J'ai presque l'impression que les antidépresseurs commencent à faire effet. J'ai un peu plus la pêche, 11,7 de tension et 66 de pouls.

Pour autant pas de balade ce matin : il tombe des trombes d'eau... Je verrai cet après-midi...

J'attends la visite du Dr Pagnard dans la matinée.

Ah, au fait, Barack Obama a été élu largement.

Jeudi 6 novembre, 9 h 55.
Réveil mouais... Je suis molle des genoux. 11,6 de tension, 63 de pouls, mais bon sommeil.

Dehors il fait gris avec du brouillard. Comme dans ma tête.

Hier, la visite du Dr Pagnard a duré trente secondes : « Bien dormi, ça va ? » À suivre et voilà ! Déçue mais peut-être n'y a-t-il rien d'autre à faire. En somme j'achève ma deuxième semaine sans vraiment de changement conscient. Je commence à flipper pour le retour à la maison en fin de semaine prochaine si tout va « bien ».

Vendredi 7 novembre, 19 h 55.
Je n'ai pas écrit aujourd'hui. Ma mère est venue et reviendra peut-être demain.
Mon moral se stabilise on dirait. Je n'ai pas pleuré aujourd'hui, ni hier d'ailleurs… Les médocs font-ils enfin effet ?

Samedi 8 novembre, 10 h 05.
Il fait beau, je vais aller dans le jardin.

11 h 05.
Suis sortie puis remontée au bout de dix minutes : je n'étais pas bien. J'ai discuté avec l'infirmière du week-end, pleuré un coup et ça va un peu mieux. Un peu…

Dimanche 9 novembre, 8 h 55.
Larmes au réveil, mal de crâne, sommeil par épisodes…
Ça allait à peu près vendredi mais, depuis, plus du tout. Je replonge…

Lundi 10 novembre, 9 h 15.
Vu le docteur. Je reste une semaine de plus apparemment. Elle veut voir Alexane mercredi à 16 heures.
Je ne sais quoi en penser.

Mardi 11 novembre, 9 h 25.
Ça va à peu près ! Pas de pleurs. Mais cela va-t-il durer ?

Mercredi 12 novembre, 8 h 50.
Réveil triste. Je viens de pleurer dans la salle de bains. Hier, maman et moi nous sommes frittées. Et balancé nos quatre vérités. Une catharsis familiale, selon le jargon psy. Dur. Donc, hâte de voir le Dr Aubin et qu'Alex la rencontre aussi.

17 h 20.

Alex vient de partir. Sa visite m'a fait super plaisir et beaucoup de bien. Nous avons bien rigolé. Et le RDV avec le Dr Aubin fut parfait. Normalement, elle revient dimanche. Je suis bien, apaisée et fière d'elle.

Jeudi 13 novembre, 8 h 20.

Réveil tranquille. Tension 11,7, 58 kg... J'ai hâte de parler avec le Dr Aubin pour évoquer le RDV avec Alex hier...

Vendredi 14 novembre, 9 h 05.

Bon réveil, encore ! Soit deux de suite ! Je suis contente.

Hier, après la sieste, je suis descendue sur la terrasse où j'ai fait connaissance des patients. On a un peu discuté et cela m'a fait du bien. Certains sont dans l'établissement depuis deux mois en vue de guérir des phobies, d'autres pour dépressions, surmenages, sevrages...

Le docteur a trouvé ma fille formidable, bien dans sa tête, autonome, et a dit que je pouvais en être fière. Ce qui est le cas ! Elle essaye aussi de trouver un bon psy vers Melun pour que je poursuive le travail entamé et avance mieux vers la guérison.

Samedi 15 novembre, 11 h 10.

Bon réveil. Et de trois. Bien dormi... Je crains un peu la visite de ma mère en fin d'après-midi mais elle vient avec Cricri, donc ça devrait passer. Hier elle m'a envoyé des roses, des journaux, un coffret de l'Occitane et des bombecs. Elle est mal d'avoir été trop loin. Moi aussi.

Dimanche 16 novembre, 10 h 30.

Bon réveil. Le quatrième. Bien dormi aussi. Lol.

La visite s'est bien passée. Comme quoi il ne faut jamais croire au pire.

Mardi 18 novembre, 16 h 20.

Je viens de réaliser que je n'avais rien écrit hier. Un signe ? En tout cas, bon réveil, bon moral. Le Dr Aubin a confirmé ma sortie vendredi prochain. Elle a aussi trouvé une psychiatre à Fontainebleau. J'ai hâte de rentrer chez moi, de retrouver ma fille, mes chiens, mes odeurs, ma vie. Celle d'avant les malheurs.

Mercredi 19 novembre, 20 h 50.
BBB. Ou Bonne journée, bon réveil, bon moral.

Jeudi 20 novembre, 17 h 10.
Bonne journée, bon réveil et, surtout, dernier soir !

120

Ces quatre semaines furent certainement les plus difficiles, redoutables, pénibles, douloureuses de ma vie.

Parce que je me suis retrouvée face à moi-même pour la première fois. Parce qu'il a fallu que je sorte d'un cercle vicieux dans lequel je tournais en rond depuis des années, un piège où je m'étais prise et qui me broyait.

Elles resteront les plus belles aussi, parce que je m'en suis sortie. J'ai compris, appris, analysé, cherché et, surtout, j'ai accepté.

ÉPILOGUE

Les filles,

J'ai quarante-deux ans, suis – enfin – en bonne santé et heureuse d'avoir pu trouver un équilibre entre la famille, les amis et le travail. Je suis désormais une femme sereine et heureuse, débordant d'envies et de projets aussi bien professionnels que personnels.

Mon métier me passionne toujours autant mais je refuse dorénavant de me meurtrir à cause du stress et de subir d'inutiles pressions. Dans mon esprit, la notion de plaisir prime désormais et je prends conscience, chaque jour, de la chance comme du luxe qui me sont offerts : je peux faire ce que j'aime auprès d'artistes qui me font vibrer.

Ma vie personnelle est – enfin – belle, auprès d'un homme merveilleux de gentillesse, de force, de respect, d'écoute et d'amour. Comme quoi, il en existe encore ! Surtout, la violence n'appartient définitivement plus à mon univers. Et je ne la laisserai plus jamais pointer le bout de son nez. Je sais aujourd'hui que personne ne pourra me faire mal, que plus aucune menace ne m'atteindra, que la peur est enfin rayée de mes pensées, que ma route ne croisera plus celle d'individus tellement vides, sclérosés, atteints, malades, qu'ils veulent parasiter votre existence. Ayant tout donné en me trompant de destinataire, à moi de savoir penser aux miens. De savoir me protéger sans me claquemurer ou barricader, d'être un peu égoïste pour me faire plaisir et aimer avec discernement.

Avec ces épreuves, j'ai appris à être moins craintive, à me poser moins de questions, à savourer le moment présent, à profiter au maximum de chaque instant d'une journée. Et, contrairement à ce que je pensais et à ce que certains essayèrent de m'enfoncer dans le crâne, je suis quelqu'un de bien. Mes amis, ma famille et surtout ma fille m'ont aidée plus qu'ils ne le croient à reprendre confiance.

*

Alors télé ou pas, connue ou pas, voyez, les filles, que j'ai vécu des moments difficiles au même titre que vous. Mais comme j'ai aussi eu la chance de rencontrer des personnes extraordinaires et de relever de sacrés challenges, je sais ne pas avoir le droit de baisser les bras et encore moins celui de me plaindre. À moi de tirer le meilleur de chaque expérience pour avancer, apprendre et grandir. À moi aussi d'agir pour avertir que n'importe qui peut sombrer.

Qu'on m'accorde alors le bénéfice, au terme de cet ouvrage sincère, d'avoir joué franc-jeu. D'avoir eu la franchise de témoigner, en toute vérité, non pour me vautrer dans l'exhibitionnisme comme les inévitables mauvaises langues le prétendront, mais pour mettre en garde contre les MP, ces esprits tourmentés qui nous tourmentent à leur tour. Évoquer aussi longuement et en détail les aléas d'une union qui a dégénéré, je ne m'y suis évidemment pas résolue de gaieté de cœur. Je ne l'ai pas non plus fait pour dénoncer une personne en particulier – car je crois dur comme fer en la justice naturelle que la vie amène un jour ou l'autre –, mais bien plus civiquement pour ouvrir les yeux de l'opinion, attirer l'attention sur un mal qui concerne beaucoup de gens et en fait souffrir plus encore. Histoire d'inviter chacun à regarder en soi, chez soi, autour de soi, de convier les victimes à oser parler, d'inciter les MP à se faire soigner, même si je sais cette mission presque impossible puisqu'ils ne se sentent pas malades. Si même un « people » comme on dit improprement, quand il lui arrive ce genre de désagrément, ne peut pas utiliser sa relative notoriété pour déchirer le voile du silence, qui s'y résoudra ? Dès lors, je devais le faire !

Alors, bien sûr, avec la publication de ce récit sans faux-semblants, je m'attends à une rafale de critiques en tout genre. Voire à de violentes réactions de certains qui, peut-être, oseront se reconnaître. Mais je ne crains plus rien. Je sais ce que j'ai vécu, que d'autres ont vécu à mes côtés, et que j'ai failli y laisser la vie. Dès lors, m'accuser de mensonge ou de folie me rendra encore plus forte.

*

Et établissant le bilan des quarante-deux dernières années, je dois aussi avouer être assez fière de mon parcours. J'ai fait ce que j'aimais et retrouvé aujourd'hui une vie normale dans ma petite maison de Seine-et-Marne. Les amis dont je m'étais éloignée un peu par obligation ont repris leur place et d'autres ont fait leur apparition. Ma famille est plus que jamais présente à mes côtés ; ma fille belle, bien dans sa tête, intelligente ; et mes rêves voient peu à peu le jour les uns après les autres.

Il m'a fallu de l'énergie, du courage, des larmes pour y parvenir. Je me suis rendue malade à en crever mais par miracle je suis debout. Alors de ce bonheur infini, je veux tirer le meilleur. Et le meilleur viendra forcément demain.

*

Demeurent justes deux incertitudes, deux questions à vous poser même : « Ai-je raison de ne pas vouloir chanter ce soir ? » et « L'amour, ça pousse ou ça se fabrique ? »

Enfin, je voudrais me permettre un conseil : dans cette société où tout n'est qu'apparat et désinformation, où l'on peut rajeunir, embellir grâce à des logiciels, où l'on peut mentir et se cacher derrière un clavier, s'il vous plaît, avant de juger sans connaître, méfiez-vous des apparences !

QUELQUES COORDONNÉES UTILES

Ne laissez pas la violence s'installer.
Réagissez ! Appelez le 3919.
www.stop-violences-femmes.gouv.fr

Site officiel
www.myspace.com/raphaellericci

MERCI...

Aux Dr Aubin, Terras et Pagnard... Grâce à vous j'ai compris, avancé, et m'en suis sortie.

À mes parents et mon frère... Cela n'a pas toujours été simple entre nous, mais il faut croire que tout aura été utile. Je vous aime !

À mes amis Vir, Nico, Mouche, Piaèèrre, Maghaly et Ninie, ainsi qu'à mes trois anges gardiens Sylvie, Joëlle et Joke... Vous avez été là, vous y êtes toujours et ne serez jamais très loin de mon cœur. Je vous aime !

À Lolo, Gigi et Coq.

À Thierry... « pour tout le mal que l'on ne s'est pas fait ».

À Cricri et Alex, Pépé, Pégounette, Michel-Yanké-Boubou-Mitchum, Claude Bouillon, Alain Desbiolles, Basket, Dan, Alain-Dominique Perrin, Jean-Jacques Mater, Franck Veron, François Pineda, Franck Lagorce, Max Mamers, Alain Prost, Dominique Serra, Francis Lalanne, Patrick Bruel, Phil Collins, Dimitri, Michaël Jones, Maurane, Raphaël Mezrahi, Michèle Bernier, Mimie Mathy, Jean-Louis Sevez, Pierre Palmade, Stéphanie et Marie Fugain, Philippe et Olivia Candeloro ainsi que toute leur équipe, Yannick Bonheur, Christophe Willem,

Jean-Pierre et Nathalie Pernaut, Jean-Félix Lalanne, Élodie Calmels-Lalanne, Merwan Rim, John Kershaw et Joséphine… vous avez forcément compté à un moment donné, je vous aime.

À tous mes « petits » de la Star Academy et plus particulièrement à Jess, Jean-Pascal, Patrice, Olivia, Jenifer, Mario, Georges-Alain, Houcine, Nolwenn, Emma, Jerem, Romain, Patxi, Élodie, Cyril, Magalie, Lukas, Michal, Sofia, Elfy, Gaël, Cynthia, Bertrand, Jeremy, Pascal, Maureen, Yaëlle, Mathieu et Quentin… Nous avons eu la chance de partager des moments uniques, je vous aime et vous souhaite une belle et longue route musicale !

Merci également à Étienne Mougeotte, Alexia Laroche-Joubert et toute son équipe, Vincent Panozzo, Alexandre Petit et Romuald Ferrer, Nathalie André et NAO, mes petites fées maquilleuses et coiffeuses, mes camarades de jeu professeurs et Nikos.

À Thierry Billard et Guillaume Robert, pour votre confiance un certain jour de février.

À Ludovic… Tu as changé ma vie, tu m'as réconcilié avec beaucoup de choses et, surtout avec le bonheur.

Et surtout à toi ma belle Alexane, mon trésor et ma raison d'être… Puissent tes yeux briller encore et encore, puisse ton rire éclater toujours et notre complicité continuer de grandir à jamais. Tu peux persister à chanter sous la douche ; même si tes notes ne sont pas forcément justes, mes tympans ne saigneront jamais en t'écoutant. Je suis extrêmement fière de toi, je t'aime ma puce !

TABLE DES MATIÈRES

Mise en page
PCA
44400 Rezé

CET OUVRAGE
A ÉTÉ ACHEVÉ D'IMPRIMER
SUR ROTO-PAGE
PAR L'IMPRIMERIE FLOCH
À MAYENNE EN FÉVRIER 2010

N° d'édition : L.01ELKN000252.A006. N° d'impression : 75858
Dépôt légal : octobre 2009
(Imprimé en France)